LIDERANÇA PARA AS NOVAS GERENTES

21 estratégias poderosas para treinar
equipes de alta performance, ganhando
respeito e influência

KARINA G. SANCHEZ

Virago
PUBLISHING

Publicado por Virago Publishing
www.CorporateToFreelancer.com

Virago

PUBLISHING

Dedicatória

Para meus dois líderes, Valentina e André, que são minha dose diária de inspiração e que me fazem lembrar do tipo de líder que eu desejo ser.

"Você nunca é jovem demais para mudar o mundo"

Um Presente Especial Para Você!

SPECIAL BONUS!

Want this cheatsheet for FREE?

Get FREE unlimited access to it and all of my books by joining our community!

Scan with your camera to join!

5 Regras de Ouro Para Marca Pessoal. O checklist essencial para as novas líderes!

No Guia das 5 Regras de Ouro Para a Marca Pessoal você irá encontrar:

- As regras de ouro, fáceis de seguir, que irão ajudá-la a criar sua marca do zero.

- Minha história pessoal, que levou 20 anos para se desenvolver através de muitos erros, tempo e sacrifício.
- Passos rápidos que você pode colocar em prática agora mesmo para começar.
- Um acesso rápido a nossa comunidade de líderes maravilhosas que lhe ajudarão a formar sua tribo.

Introdução

"Para liderar, nós não precisamos de um cargo. Nós precisamos nos envolver. As pessoas preferem seguir um líder com coração a um líder com um cargo."
~ Craig Groeschel

Como Groeschel sugere em sua frase, cargos não criam líderes. Nós preferimos seguir quem realmente se envolve com as pessoas.

Até um certo ponto, um cargo traz autoridade. Isso não significa que as pessoas irão segui-la instantaneamente, e definitivamente não a torna uma boa líder. Isso é algo sobre o que você tem que se responsabilizar pessoalmente e significa dedicar tempo para aprender a arte da liderança. É uma jornada à qual vale a pena se dedicar.

Cargos nos dão pistas sobre nosso lugar no mundo, mas eles não nos dão informações essenciais sobre nossa pessoa ou experiência. Uma mulher solteira é, geralmente, chamada de "Senhorita", enquanto uma mulher casada atende por "Senhora". *O que dizem esses títulos sobre uma mulher?*

Em síntese, não nos dizem nada...

Existe a possibilidade de que alguém que atende por "Senhora" não é mais casada, mas escolhe manter o tratamento e o sobrenome.

Cargos, certamente, não nos dizem se você é uma boa mãe, uma mulher trabalhadora ou uma ótima líder. O tratamento de "Senhorita", sozinho, simplesmente indica que uma pessoa é - ou já foi - casada. Até mesmo o título de "Doutor" simplesmente indica a obtenção de conhecimento educacional ou médico, mas não nos diz nada sobre a natureza ou experiência da pessoa.

É por essa razão que a frase de Groeschel é tão certeira - qualquer um pode se denominar líder, mas apenas o cargo não diz nada. Apenas VOCÊ decide que tipo de líder será!

Para ser uma excelente líder, você precisa querer. Você precisa se envolver. Se você tem coração e paixão - e você verdadeiramente se envolve - as pessoas irão respeitá-la e segui-la. Enquanto muitos líderes querem se tornar ótimos líderes, é fácil perder de vista o quanto podemos nos desenvolver como o líder excelente que queremos ser. Muitas vezes isso acontece porque tornar-se líder traz muitas responsabilidades e preocupações que você nunca conheceu, principalmente se você é líder ainda no início da carreira.

Então, pergunte-se agora, *você tem o coração para se tornar uma excelente líder? Você se envolve o suficiente?*

Existem muitos benefícios em se tornar uma grande líder. Algumas das equipes de maior prestígio e performance relatam que elas têm bom desempenho por causa de líderes inspiradores e que se envolvem. Nós iremos explorar esse assunto com mais detalhes durante o livro. Como uma jovem líder, você também pode acrescentar muita coisa, mas líderes jovens se deparam com vários desafios únicos. Geralmente são desafios que os novos gestores não estão preparados para lidar, não tendo culpa alguma disso.

Muitas pessoas não querem nada além do que se tornar ótimos líderes… só não sabem qual caminho devem seguir. Enquanto elas têm muitas habilidades técnicas, alguns problemas comuns encontrados por jovens líderes incluem não ter muita experiência de trabalho e/ou com habilidade de lidar com pessoas. Isso pode tornar qualquer situação "real" no ambiente de trabalho em algo esmagador, e é exatamente por isso que ser uma líder que se envolve é tão importante.

Enquanto eu criava este livro, conversei com algumas jovens líderes inspiradoras sobre os desafios que elas encontraram quando começaram suas jornadas de liderança. Os principais desafios surgiram de:

- Gerenciar mudanças no espaço de trabalho
- Faltar habilidade de lidar com pessoas e experiência de trabalho

- Ter habilidades de comunicação insuficientes quando se trata de comunicar projetos, entregar mensagens e dar feedbacks a seus colaboradores
- Não ter habilidade para identificar, efetivamente, áreas de desenvolvimento para si mesmas e para os colaboradores
- Solucionar conflitos e gerenciar tensão
- Identificar oportunidades para promoção e de crescimento para si e para os subordinados
- Desenvolver habilidades de apresentação e evoluir como resultado de sua experiência
- Conhecer sua equipe e ser capaz de ler sua linguagem corporal e sugestões faciais para evitar mal-entendidos
- Desenvolver sua inteligência emocional para lidar com situações difíceis de forma profissional
- Aperfeiçoar suas habilidades de gerenciamento e organização
- Saber priorizar os problemas efetivamente, usando suas habilidades de avaliação, baseando-se nas necessidades e objetivos do negócio
- Entender os pontos fortes e as áreas de desenvolvimento dentro da equipe de forma que possa delegar corretamente
- Gerar confiança e ser acessível para seus colaboradores

- Focar na equipe e estar atenta ao que está acontecendo no entorno
- Desenvolver autoconsciência de sua própria liderança

Se você quer se tornar uma ótima líder, há muito trabalho a ser feito, sem dúvida. Enquanto a lista de problemas acima pode parecer imensa, esses são desafios comuns que muitas líderes jovens encontram. No aspecto positivo, todas são áreas em que você pode se desenvolver e melhorar com facilidade aplicando as estratégias deste livro. Você já tem as habilidades técnicas, mas este livro vai ajudá-la a brilhar como pessoa e a se posicionar na função única e inspiradora de líder a que você aspira ocupar ou a que foi promovida. É por isso que este livro foca em ajudá-la a se tornar a líder que VOCÊ quer ser...não a líder que outras pessoas querem que você seja. Não se engane, há muito o que aprender se você quer se tornar uma líder inspiradora. Mas vale a pena receber uma função tão recompensadora.

Se você está pronta para desenvolver habilidades de liderança matadoras, ter domínio em *coaching* e desenvolver a confiança − e ainda desenvolver equipes de alta performance - então continue lendo. Eu te ajudo! Por muito tempo eu assisti a jovens líderes encararem seus desafios sozinhas. Eu posso ajudá-la a se tornar comprometida com sua função de liderança, agarrar as oportunidades na sua frente e crescer para encarar todos os desafios que cruzarem seu caminho.

Você não está sozinha, e eu estou aqui para ajudá-la em seu caminho para a glória!

Este livro está dividido em quatro seções-chave para ajudá- la a crescer em seu papel de líder e se tornar ótima nisso. Primeiramente, você irá focar no seu autodesenvolvimento e autoliderança. Depois, na segunda seção, você irá considerar como consegue usar suas habilidades, instintos e competências para inspirar e liderar. Na seção III, você vai mergulhar profundamente em liderança de equipes e em como você pode usar suas habilidades para motivar sua equipe, compartilhar sua visão e guiar sua equipe em direção ao sucesso. Finalmente, a seção IV lhe proporciona ferramentas extras para você continuar crescendo e se desenvolvendo. Lembre-se, um grande líder reconhece que sempre há o que aprender e desenvolver.

No final deste livro, você terá todas as habilidades de que precisa para se destacar!

Acima de tudo, você irá aprender a ser o melhor que você pode ser!

Provavelmente, você está se perguntando quem eu sou e o que me qualifica a escrever este livro. Bem, permita-me apresentar-me. Meu nome é Karina. Eu trabalhei com jovens líderes como você pelos últimos vinte anos. Eu dediquei minha vida a ajudar as pessoas a terem sucesso. Não é o suficiente para mim trabalhar com as organizações. Eu quero trabalhar com líderes individuais, especialmente líderes que estão começando suas carreiras e que têm todas as habilidades técnicas, mas ainda não possuem a "experiência com pessoas" que é tão crucial para seu sucesso. Eu vi muitas mentes brilhantes terem dificuldade em seus papéis por causa disso. Tentar navegar no desconhecido da liderança - como encontrar melhores formas de se comunicar com equipes diversas, influenciando a todos e gerando confiança. Isso é muito mais difícil sem saber exatamente como e onde começar! Eu passei minha carreira de treinamento e coaching ajudando líderes a encontrarem, verdadeiramente, sucesso e realização.

Tive sorte suficiente de ter vivido em sete diferentes países onde eu tive e conduzi empresas de treinamento, coaching e mentoria. Eu sou palestrante e *coach* corporativa, e ministro sessões de treinamento em quatro idiomas. Fui consultora de empresas de tecnologia, farmacêuticas, varejo e financeiras (para citar algumas) nos últimos 15 anos e fui facilitadora em centenas de workshops presenciais e virtuais pelo mundo todo.

Eu sou conhecida por minha energia e paixão e provoco mudanças inspirando e motivando pequenas e grandes equipes. Tenho uma habilidade excepcional de abrir mentes para novas possibilidades, encorajando formas inovadoras de pensamento, e ajudando indivíduos e empresas a gerenciar seu maior recurso - o recurso humano. Meu trabalho segue em frente, pois continuo a treinar e a dar mentoria a centenas de novos gestores para que se destaquem em papéis de liderança e se tornem bem- sucedidos dentro de suas empresas. Eu irei, indiscutivelmente, impactar a forma pela qual você lidera. Minha paixão mais profunda é ajudá-la a se tornar uma líder movida por metas, inovadora e orientada por ações. Comigo do seu lado, fracasso não é uma opção!

Meu objetivo é impactar e inspirar mais líderes do que nunca, compartilhando meu conhecimento, experiência e expertise para ajudar a criar a próxima geração de líderes incrivelmente inspiradoras e bem-sucedidas.

Mas este livro não é sobre mim, é sobre você. É sobre você se tornar a líder que você quer ser. É hora de pegar sua motivação, instintos e determinação e usá-los para construir seu próprio império. Excelentes líderes atraem uma ótima força de trabalho e profissionais de alta performance para a equipe. O poder de se tornar uma ótima líder está dentro de você! Nas palavras de Brian Tracy:

"Torne-se o tipo de líder que as pessoas irão seguir voluntariamente; mesmo que você não tenha nenhum cargo ou posição."
~ Brian Tracy

Agora é hora de avançar ao capítulo I. Iremos começar sua jornada para uma liderança excelente conversando primeiramente sobre como você lidera a si mesma. Isso é importante porque você precisa conseguir se liderar antes de poder liderar as pessoas. Portanto, este é o primeiro passo se você quiser se destacar como líder. Esse livro irá mudar a forma como você vê a liderança e trazer questionamentos e desafios sobre seu próprio estilo e habilidades. Vai dar a você a força, a confiança e o poder de que você precisa para ter sucesso em sua função e muito mais!

Para engajar nos próximos passos na sua jornada, é só vire a página. Seu destino agora está em suas próprias mãos. *Você está pronta?*

Seção 1 - Liderando A Si Mesma

Como eu mencionei, ótimas líderes precisam conseguir liderar a si mesmas. Também precisam estar aptas a reconhecer como podem melhorar e se desenvolver. Uma líder excelente ensina como as pessoas podem se desenvolver. Elas são visionárias que preparam as pessoas para o futuro e frequentemente as ajudam a mapear suas jornadas. Mas para fazer isso, antes elas precisam mapear sua própria jornada.

Essa seção tem dois objetivos. Prepará-la para que se torne uma ótima líder e a inspirar a liderar outras pessoas com sucesso. Vai incentivá-la a descobrir lá no fundo o que você realmente quer. Vai ajudá-la a descobrir como você pode ser sua melhor versão, esclarecer o que você deve superar para chegar lá, e incentivá-la a crescer e a desenvolver suas habilidades de gestão.

Esse é o primeiro passo para inspirar as pessoas a serem suas melhores versões. É hora de se tornar uma líder excelente que cria a próxima geração de líderes excelentes!

A Análise SWOT da Gestora

UMA EXCELENTE LÍDER SABE COMO INSPIRAR E MOTIVAR sua equipe. Se você quer liderar uma equipe efetivamente, você precisa entender a si mesma em um nível mais profundo e considerar o tipo de gestora que você é (ou pretende ser). Isso significa que você precisa cavar fundo e estabelecer suas próprias:

- Forças
- Lacunas
- Pontos cegos
- Paixões fundamentais
- Competências

Uma vez que você identificar essas qualidades em si mesma, se tornará mais fácil reconhecê-las nas pessoas. Conseguir fazer isso significa que você pode ajudar outras pessoas a crescer e a alcançar seu máximo potencial, que é o que resume ser uma ótima líder.

Nem sempre é fácil nos autoavaliarmos, mas quando aprendemos essa habilidade, descobrimos que podemos usá- la sempre.

A questão é, *como você pode descobrir essas qualidades sobre si mesma?*

POR QUE UMA ANÁLISE SWOT?

Entender melhor a si mesma é necessário, e a melhor forma de fazer isso é utilizando a análise SWOT. Você já deve ter ouvido falar disso, mas, caso ainda não a conheça, a análise SWOT é uma estrutura fácil de usar que permite medir sua performance atual e mapear suas ambições e potencial futuros. Ela direciona sua análise em quatro áreas principais:

Pontos **F**ortes (*Strengths*)
Pontos **F**racos (*Weaknesses*)
Oportunidades (*Opportunities*)
Ameaças (*Threats*)

Vamos conhecer mais detalhes sobre essas áreas…

Forças são as coisas em que você já é boa. São seus melhores atributos. Por **fraquezas**, nós queremos dizer as áreas que você precisa melhorar ou desenvolver. Às vezes na vida encontramos **oportunidades**, mas não aproveitamos a maioria delas. É por isso que analisar o que elas são, e o que é possível, nos prepara para nos engajarmos em qualquer oportunidade que aparecer. **Ameaças** são as barreiras que podem retardar nosso progresso ou até mesmo nos impedir de prosseguir em nosso caminho.

A análise SWOT é uma ferramenta muito usada porque pode ser aplicada na maioria das situações. Por exemplo, você pode aplicá-la em:

1. Indivíduos
2. Equipes
3. Projetos
4. Organizações
5. Organizações Filantrópicas
6. Produtos

Ela também lhe permite analisar suas habilidades de gerenciamento e descobrir se você precisa agir para lidar com as ameaças e abraçar oportunidades iminentes. Tudo o que você precisa fazer é responder as perguntas focando em áreas específicas. Às vezes você pode precisar fazer pequenos ajustes nas perguntas - para que você possa aplicar em áreas específicas - mas o conceito subjacente continua o mesmo.

QUAIS SÃO OS ELEMENTOS DE UMA ANÁLISE SWOT PARA SEUS PONTOS FORTES E HABILIDADES DE LIDERANÇA?

Uma análise SWOT é sua oportunidade de realmente fazer uma avaliação confidencial, mas rigorosamente honesta de suas habilidades e competências como líder. Isso lhe permite planejar sua própria jornada e se responsabilizar pela qualidade do trabalho que você produz, aumentar sua motivação e empenhar-se na direção de seus objetivos futuros. Tudo isso ocorre enquanto você lida com problemas ao longo do caminho. Mantenha em mente que é importante você refletir sobre o que você já faz bem, porque você merece ser reconhecida pelas suas conquistas até agora!

Nem sempre é fácil se autoavaliar. Muitas pessoas acham difícil destacar em que elas são boas. Outras acham difícil refletir sobre as coisas nas quais não são boas. Existem muitas questões que você pode se perguntar se quiser analisar suas habilidades como líder. Vamos olhar os elementos da análise SWOT novamente, mas dessa vez, vamos considerá-los a partir da perspectiva de liderança e gerenciamento.

Pontos Fortes

Como mencionado anteriormente, seus pontos fortes representam o que você faz bem. Há uma série de perguntas que você pode se fazer para garantir que você tem consciência das coisas que você faz melhor. Faça essas perguntas:

- Em relação à liderança e à gestão, quais habilidades eu percebo que são naturais em mim?

- Como gestora, quais tarefas eu aprendi mais rapidamente e quais têm sido as mais fáceis para eu executar?
- Se você perguntar a outras pessoas, a quais das minhas habilidades interpessoais elas mais dão valor?
- Quais valores e princípios são importantes para mim e como eles me ajudam a ter um melhor desempenho como gestora?

Pontos Fracos

Ainda que, por vezes, seja difícil refletir sobre as coisas nas quais não somos bons, aprender a avaliar as áreas nas quais nós precisamos de desenvolvimento e progresso é uma habilidade necessária. Se quisermos avançar, sempre existe algo que podemos fazer melhor ou aprender, que vai nos ajudar. As coisas mudam frequentemente nos negócios, então, reconhecer aquilo que não sabemos pode nos dar uma direção sobre o que pode ser trabalhado. Faça essas perguntas:

- O que me impede de delegar efetivamente?
- Se eu não tenho um desempenho tão bom quanto eu penso que deveria ter, estou feliz com a minha abordagem? Como eu lido com baixa performance?
- De quais desafios interpessoais eu tenho medo? Por quê?
- Há algum tipo de situação ou pessoa que eu tenho dificuldade em gerenciar?

Oportunidades

Essas são as coisas que podem lhe proporcionar a chance de desenvolver suas habilidades como líder, e, geralmente, podem ser medidas em sua performance pessoal e na performance da equipe. Faça essas perguntas:

- Há algum tipo de oportunidade de treinamento disponível para me ajudar a superar meus pontos fracos e outros obstáculos que eu estou encarando?
- Eu tenho acesso a alguma ferramenta ou framework de gerenciamento, como o coaching? Se sim, eu estou sou capaz ou estou disposta a aproveitá-la?
- Considere seus subordinados. Há novas formas de desenvolver suas habilidades através da delegação?
- Quais projetos estão no horizonte e como eu posso desenvolver minhas habilidades gerenciais em relação a eles?

Ameaças

As ameaças que você encara podem se tornar um risco para seu sucesso, crescimento e performance. Muitas vezes, as ameaças são apresentadas, simplesmente, como obstáculos. Como gestora, você pode usar sua habilidade de resolução de problemas para superá-las. Faça essas perguntas:

- Dentro do escopo do próximo projeto - quais desafios eu encontro como gestora? Eu preciso desenvolver alguma das minhas áreas mais fracas antes de o projeto começar?
- Sou capaz de, efetivamente, influenciar minha equipe e meus colegas? Se não, o que eu posso fazer para desenvolver relacionamentos com as pessoas mais interessadas?
- Há mudanças ou desafios num futuro próximo que irão testar minhas competências como líder e minha capacidade de inspirar?
- Como eu posso gerenciar com a performance dos meus subordinados de forma mais efetiva e eficiente?

Hora de Praticar

Você está pronta para aproveitar as oportunidades que lhe surgem?

Agora é a sua hora de avaliar seus talentos, habilidades, forças e fraquezas utilizando o modelo de análise SWOT abaixo. Use as perguntas para ajudá-la e certifique-se de preencher ao menos um item por quadrante.

Análise SWOT

Ser honesta sobre suas próprias habilidades e

fraquezas pode ajudá-la a gerar confiança como líder. Isso, por sua vez, pode ajudá-la a aumentar sua autoconfiança. Você pode usar o modelo de análise SWOT para avaliar suas habilidades e também a dos subordinados para ajudá-los a se desenvolver e a crescer.

Lembre-se...

"O maior dos líderes não é, necessariamente, o único a ter os maiores feitos. Ele é aquele que faz com que as pessoas tenham os maiores feitos."

~ Ronald Reagan

ANÁLISE SWOT

Liste suas forças, fraquezas, oportunidades e ameaças

PERGUNTAS A SE FAZER

Pontos Fortes

- Quais aspectos da gestão e liderança são naturais em você?

- Quais tarefas de gerenciamento você acredita seres as mais fáceis de assumir e aprender rapidamente?
- Quais são seus princípios e valores e como eles a tornam uma gestora melhor?
- O que as pessoas valorizam em você quanto às habilidades interpessoais?

Pontos Fracos

- Com quais desafios interpessoais você mais tem medo de lidar?
- O que a impede de delegar efetivamente?
- Há algum tipo particular de pessoa que você tem dificuldade em gerenciar?
- Como você lida com baixa performance? Você está feliz com sua abordagem?

Ameaças

- Há projetos a caminho que podem revelar pontos fracos em sua competência de gestão?
- Você precisa gerenciar melhor a performance de um subordinado para proteger a empresa?
- Há alguma mudança organizacional a caminho que irá testar sua capacidade de inspirar?
- Você consegue, de modo eficaz, influenciar internamente? Se não, você precisa

desenvolver seus relacionamentos com os *stakeholders*?

Oportunidades

- Existem ferramentas ou modelos que você pode usar, como o coaching?
- Há oportunidades de treinamento que lhe permitirão trabalhar seus pontos fracos?
- Quais projetos a caminho lhe permitirão desenvolver suas habilidades gerenciais?
- Há novas formas para você desenvolver sua equipe através da delegação?

2

Conquistando Autoconfiança

TODO BOM LÍDER PRECISA TER PRESENÇA!

Por presença, eu quero dizer que eles possuem um conjunto inteiro de habilidades. Mas, o mais importante, eles entram no recinto e causam um impacto imediato. As pessoas suspiram em sinal de alívio. Elas sabem que esse líder garante que o trabalho será feito ou ao menos é capaz de surgir com um plano de como chegar lá. Eles são os motivadores, os solucionadores, os instrutores. Eles permanecem tranquilos sob pressão e sempre parecem saber o que estão fazendo. *Mas o que realmente dá presença a esses líderes?*

Isso é fácil... eles acreditam e têm confiança neles mesmos.

No capítulo 1, falamos sobre avaliar seus pontos fortes. Então, você já tem alguma confiança, porque você reconheceu que esses são seus diferenciais. São as coisas que você faz bem. Você é líder porque merece ser líder.

Conforme você cresce, você pode desenvolver seus pontos fortes e experiências cada vez mais.

Ao longo deste capítulo, vamos explorar como construir sua autoconfiança e a crença em si mesma. Essas são habilidades muito importantes para uma líder dominar. Como qualquer habilidade importante, construí-las leva tempo. Então, este capítulo irá ajudá-la a começar, mas é sua responsabilidade continuar esse trabalho conforme você se desenvolver em seu papel de liderança.

É hora de você tomar as rédeas e continuar seguindo na direção certa!

SEM CONFIANÇA, NÃO HÁ LIDERANÇA

Deixe-me fazer uma pergunta séria.

Se você não acreditar em si mesma, quem acreditará?

Vamos supor que seu carro quebre e dois mecânicos vêm para dar uma olhada nele. O primeiro lhe diz que ele "acha" que pode consertar seu carro. Ele murmura algo para você, fica com as mãos no bolso, inquieto, e evita contato visual enquanto explica o que ele "acha" que é o problema e então admite que não tem certeza.

O segundo aparece com um sorriso, mantém contato visual, postura ereta e explica exatamente o que tem de errado com seu carro. Ele até lhe mostra o problema em baixo do capô e com confiança diz que "consegue" resolvê-lo rapidamente, e diz quanto vai custar em peças e mão de obra.

Quem você escolhe? Claro, você vai escolher o segundo mecânico. Mas qual é a diferença?

O mecânico número 1 está se sabotando. Ele olha para o chão, inquieto, e murmura. Essas não são ações de alguém que acredita em si mesmo e em suas próprias habilidades. É difícil de confiar em alguém que não acredita em si mesmo.

O segundo mecânico é confiante. Ele tem uma boa postura, a olha nos olhos, explica o problema e até lhe mostra onde ele está. Não há motivos para duvidar dele. Ele acredita que pode consertar o carro porque acredita em suas próprias habilidades e competências. Como consequência, você também acredita nele. Ele é o especialista, afinal de contas. É assim que os subordinados precisam se sentir sobre você!

De forma similar a esses mecânicos, um líder que não tem autoconfiança irá sabotar seu próprio potencial de liderança. Você deve liderar as pessoas primeiramente acreditando em você mesma. Desenvolvendo a autoconfiança, excelentes líderes:

- Tornam-se destemidos;
- Comunicam-se com confiança;
- Têm um fluxo constante de ideias;
- Obtêm satisfação no trabalho;

- Cativam e aumentam a confiança dos liderados;
- Sempre miram mais alto;
- Mantém-se calmos e equilibrados;
- Lidam bem com críticas e erros;
- Correm riscos necessários;
- Acreditam em suas habilidades e competências.

O QUE ACONTECE SE UM LÍDER NÃO TEM AUTOCONFIANÇA?

Se falta confiança a um líder, pode-se causar um impacto negativo em seu estilo de liderança e em sua eficácia. Nesse caso, um líder pode:

- Ter dificuldade em exaltar as pessoas, o que significa que ele tem dificuldade em manter os subordinados motivados.
- Ter a tendência de levar todos os créditos, o que pode novamente desmotivar os subordinados que diligentemente trabalharam rumo a um objetivo em comum. O que também pode causar conflito e insatisfação dentro da equipe.
- Manter informações importantes para si, o que pode destruir a confiança e comunicação entre os colaboradores.
- Criticar as pessoas regularmente - ter uma constante atitude negativa como essa pode

impactar a atmosfera e todo o ambiente de trabalho assim como a equipe.

- Microgerenciar, o que dá aos subordinados a impressão de que eles não são confiáveis para lidar com suas tarefas.
- Ser indeciso, o que demonstra falta de confiança em suas próprias habilidades.
- Ser arrogante. Arrogância não é confiança. Lembre- se, você precisa liderar pelo exemplo e sempre há algo para se aprender de qualquer situação. Estar disposta a aceitar *feedbacks* e aprender lições quando as coisas dão errado mostra que você é humana e que não tem medo de desafios e de mudanças.

11 DICAS PARA DESENVOLVER CONFIANÇA DE LÍDER

Você já começou a desenvolver sua confiança como líder usando este livro como ferramenta. Se você quiser continuar, aqui vão algumas dicas úteis:

- Aprenda sobre liderança;
- Celebre suas vitórias e encoraje as pessoas a fazerem igual;
- Faça *networking*, comunique-se e colabore com outros líderes;
- Dê apoio às pessoas para que elas possam ter sucesso também;
- Desenvolva uma autopercepção realista;

- Aprenda e pratique gratidão e psicologia positiva;
- Pareça confiante e projete essa confiança;
- Desenvolva inteligência emocional;
- Não sinta medo de pedir ajuda;
- Pare de perguntar "Mãe, eu posso?" e tome suas próprias decisões;
- Desenvolva seu senso de humor.

Lembre-se, construir a confiança que você tem por si mesma é somente uma parte da jornada para se tornar uma excelente jovem líder. A próxima parte da sua jornada é focada em construir sua credibilidade e desenvolver sua habilidade de influência. Você apenas consegue fazer isso se você acreditar em si mesma e em suas habilidades. Uma vez que você tiver dominado isso, então as pessoas irão vê-la como a líder que você é, confiarão em você e a seguirão.

Hora de Praticar

A autoconfiança não é algo que aparece da noite para o dia. A melhor maneira de desenvolvê-la é construir sua rotina diária em função disso. Ao fazer disso sua prioridade máxima, antes mesmo que você entre no trabalho, você estará pronta para o dia seguinte. Há muitas coisas que você pode fazer para desenvolver sua confiança e isso se desenvolverá com a prática. Se você não tiver certeza de onde começar, use diariamente nossa Rotina de Autoconfiança abaixo para começar.

Rotina de Autoconfiança

Concentre-se em seus pontos fortes mesmo em momentos de dificuldade.

Faça uma lista rápida de seus pontos fortes e das coisas de que você tem mais orgulho. Imprima ou guarde em seu celular. Consulte-a quantas vezes por dia você precisar.

1. Ponto Forte 1 ...
2. Ponto Forte 2 ...
3. Ponto Forte 3 ...
4. Ponto Forte 4 ...
5. Tenho orgulho de ...
6. Tenho orgulho de ...
7. Tenho orgulho de ...
8. Tenho orgulho de ...

1. Recompense-se pelos passos positivos que você deu na direção correta.

Isto pode ser um simples, "parabéns", ou uma corrida rápida para o Starbucks para um belo café latte. São pequenos gestos de parabéns e reconhecimento que tendemos a nunca nos permitir fazer para nós mesmas.

2. Vá com calma.

Pense na situação que a está atrapalhando ou lhe impedindo de dar os passos que você gostaria de dar para seguir em frente. Pense logicamente sobre a situação e veja quais passos que você poderia dar para resolver o problema/desafio. Visualize como isso seria, como se sentiria. Se você se sente bem em todos os sentidos, vá em frente, e dê o primeiro passo.

3. Expresse seus sentimentos e necessidades.

As pessoas que lutam com problemas de autoconfiança tendem a tornar-se a "pessoa que diz sim" no trabalho. Se todos souberem que você é essa pessoa, será mais fácil para tirarem proveito de você. Ao invés disso, pense em sua carga de trabalho e veja se dizer "sim" acrescentará trabalho adicional desnecessário, deixando-a em segundo plano. Não há problema em dizer "não".

4. O método COMECE-PARE-CONTINUE.

Use esse método para descobrir o que você precisa para parar de fazer o que não lhe serve mais; começar a fazer, porque é bom para você; e continuar fazendo porque funciona.

1. COMEÇO fazendo pequenos intervalos a cada hora para que eu possa relaxar meus olhos e minha mente entre as tarefas.

2. **PARO** de dizer "sim" constantemente a tudo. Isso me deixa em segunda plano no meu próprio trabalho.

3. **CONTINUO** a planejar meu dia e a bloquear os horários em minha agenda para pôr em dia o trabalho e outras tarefas.

3

Conquistando Credibilidade e Influência

DESENVOLVER A CREDIBILIDADE E INFLUENCIAR AS PESSOAS TÊM A MESMA IMPORTÂNCIA, agora que você começou a desenvolver confiança em si mesma. Quando você acredita em si mesma, as pessoas começam a acreditar em você. A cada sucesso ou vitória, você começa a ganhar credibilidade e – futuramente - você vai começar a influenciar melhor.

Ser confiável significa mostrar às pessoas que elas podem confiar em você. Provar sua credibilidade no mundo dos negócios é extremamente importante, pois isso ajuda a cultivar uma imagem positiva de si mesma como líder e figura de autoridade. Com isso, você será capaz de usar suas habilidades para influenciar seus subordinados e lhes mostrar que a organização como um todo é capaz de influenciar o mundo dos negócios e seus clientes.

Um líder que tem credibilidade torna-se conhecido - na organização - como sendo alguém em quem todos podem confiar. Se você é conhecido por fazer as coisas acontecerem, quebrando barreiras, e motivando ou inspirando a outras pessoas, então você se tornará uma figura influente. Desenvolver sua credibilidade e saber influenciar permitirão que você se torne uma líder experiente em pouco tempo. Sua reputação será sua marca registrada. As pessoas virão até você para aproveitar sua experiência e seu pensamento dinâmico.

Quando os clientes compram um produto ou serviço, eles geralmente compram de pessoas em quem confiam. Eles não compram simplesmente o produto ou serviço. Eles compram a visão. Se você mostrar às pessoas que está comprometida com o negócio e acredita em si mesma, você irá inspirar os subordinados a fazerem o mesmo. É sua paixão e suas crenças que os guiarão. Para ganhar credibilidade, existem 3 estratégias que você pode usar. Nós começaremos com elas. Depois exploraremos caminhos com mais profundidade para conquistar credibilidade e então focar no seu poder de liderança e como eles podem ajudá-la a influenciar as pessoas.

Para ser uma líder influente, você precisa entregar o que você prometeu, nos prazos estipulados, e de uma forma que ajuda e dá apoio ao seu grupo. É hora de levar seu desenvolvimento de liderança para um novo nível - agora que você já começou a desenvolver a confiança em si mesma, é hora de ganhar a credibilidade das outras pessoas também...

TRÊS ESTRATÉGIAS PARA CULTIVAR SUA CREDIBILIDADE

É desafiador desenvolver sua credibilidade como uma jovem líder, mas a boa notícia é que há três maneiras simples de fazer isso:

1. Desenvolva suas habilidades

Ser líder é uma responsabilidade gigantesca, e depende de você desenvolver as habilidades necessárias para ajudar sua equipe e sua organização a alcançar seus objetivos. Crie um plano para desenvolver suas habilidades em liderança, comunicação e solução de conflitos. Você também deve pensar em outras habilidades específicas de que você precisará para inspirar, motivar e organizar sua equipe. Faça sua equipe confiar em você mostrando-lhes o caminho. Eles nem sempre vão acreditar no que você diz, mas para ser eficaz eles precisam acreditar no que você faz!

2. Seja uma líder que vale a pena seguir

Reflita bem sobre outros líderes de sucesso e quais características os tornam bem-sucedidos. Os subordinados irão segui-la se você tiver integridade, for confiável, e projetar confiança. Eles também querem que você seja apaixonada e positiva sobre o trabalho que você desenvolve, para que quando você apareça, você inspire e crie sua motivação. Ninguém gosta de ter um líder negativo, que é ineficaz na solução de problemas.

3. Desenvolva os hábitos de um líder de sucesso

Um líder de sucesso desenvolve hábitos positivos para melhorar sua performance. Se você tem hábitos sólidos, é duas vezes mais provável que você alcance seus objetivos e isso também lhe permitirá alcançar consistência (outro bom hábito). Por exemplo, se você foca em seus próprios pontos fortes e nos pontos fracos de sua equipe - e os usa de forma complementar para efetivamente trabalhar em conjunto - você pode criar bons hábitos de trabalho em equipe.

Embora as pessoas irão instantaneamente ter uma primeira impressão de você, a confiança não se constrói de um dia para o outro. Leva tempo, prática e paciência. Por isso é importante começar a conquistar sua credibilidade agora. Mas às vezes é difícil saber por onde começar.

CONQUISTANDO SUA CREDIBILIDADE QUANDO SE É UMA NOVA LÍDER

Se conquistar credibilidade é importante para você como uma nova líder, existem algumas habilidades que você pode trabalhar agora mesmo. Ser consistente é o segredo. Por exemplo, quando você está presente, gerencia os subordinados e resolve problemas consistentemente, a confiança é conquistada mais rapidamente. Você também pode utilizar suas habilidades de escuta de forma a mostrar a sua equipe que você se envolve. Como líder, é sempre bom ouvir atenciosamente antes de "entrar no circuito" e oferecer algum conselho ou direção. Sua equipe pode simplesmente precisar de alguém para conversar ou compartilhar suas ideias e oferecer um ouvido atento pode ser mais eficaz do que você imagina.

Outra habilidade de liderança importante é conhecer a equipe com quem você irá colaborar. Aqui estou me referindo aos subordinados, aos demais líderes, a outras equipes dentro do negócio que estão diretamente conectados ao seu, e seus clientes. Quando você conhece a pessoa com quem você vai trabalhar de perto, e eles te conhecem, a confiança surge naturalmente. Esses relacionamentos são vitais para manter e encontrar seus *sponsors* quando for necessário!

Quando falamos do mundo dos negócios, não temos tempo a perder. Então, seja objetiva e vá direto ao ponto! É importante manter o seu profissionalismo e sua educação, mas ser objetiva dá a impressão de honestidade. Responda às pessoas de forma clara, simples e sucinta para garantir que você está expressando suas metas e prioridades. As pessoas apreciam a honestidade e isso gera respeito e confiança.

Como líder, é sua responsabilidade entrar em ação. Confie em treinamento e formação. Desenvolvimento é crucial para que você se torne uma líder melhor. A maioria dos treinamentos corporativos são altamente valiosos, e independentemente de você ser uma líder jovem ou com experiência, treinamento e formação vão garantir que você se desenvolva e cresça continuamente. Então, invista seu tempo e energia nisso. Ainda que seja provável que isso vai melhorar sua performance no longo prazo, dificilmente as oportunidades vão te encontrar. Assuma a responsabilidade, e busque oportunidades de se expressar. Elas irão ajudá-la a aumentar sua visibilidade, sua reputação e garantirão que você seja conhecida por sua expertise.

Se você tiver a disciplina para trabalhar no aperfeiçoamento de suas habilidades, seu crescimento se tornará evidente. Cultivando sua credibilidade como uma líder jovem, inovadora e dinâmica, a influência sobre as pessoas virá naturalmente.

USANDO SEU PODER DE LIDERANÇA PARA INFLUENCIAR

Como líder, você tem o poder de influenciar. *Mas o que é poder?* É a capacidade ou habilidade de influenciar eventos ou pessoas. Um papel de líder lhe garante o poder de liderar uma equipe, mas também traz muitas responsabilidades. Todos os bons líderes possuem a capacidade de incentivar o autodesenvolvimento em sua equipe e de adotar o trabalho em equipe, assim como é capaz de promover uma cultura de equipe positiva. Cabe a você influenciar as pessoas, você só precisa mergulhar nos tipos de poder que lhe permitem fazer isso.

Quais 'poderes' os líderes têm ou podem usar?

Como líder, você vai identificar esses poderes. Você provavelmente irá descobrir que você já tem e usa alguns desses poderes para influenciar. Muitas pessoas pensam que possuem influência em suas conexões, como por serem associadas a uma pessoa influente que

já é admirada e respeitada. Isso lhes dá poder por asso-
ciação. Por exemplo, se a empresa em que você
trabalha está buscando um investidor e você possivel-
mente conhece investidores adequados, você pode se
beneficiar dessas conexões. Muitas pessoas encontram
poder através de seu sistema de valores. Se você acredita, fervorosamente, em algo e é conhecida por isso,
pode inspirar outras pessoas a terem ações positivas
conforme elas acreditam na mesma coisa que você. É
mais fácil influenciar se as pessoas e você acreditam em
coisas parecidas. Pontos comuns são poderosos.

Seu papel em uma organização - e o respeito que
as pessoas têm por você - também podem legitimá-la e
posicioná-la como uma figura de autoridade. Os
fundadores de empresas que são líderes são comumente respeitados por sua experiência no negócio,
como resultado das conexões que eles possuem com a
organização desde seu surgimento. Esse respeito lhes
dá poder, uma vez que todos têm consciência de seu
status dentro da empresa. Geralmente, líderes que são
reconhecidos como especialistas em uma área específica podem facilmente influenciar porque eles, frequentemente, se tornam a pessoa a quem todos recorrem.

Alguns dos poderes que você tem como líder estão
relacionados com seus poderes de persuasão. Se você
tem carisma, você pode convencer as pessoas a segui-
rem-na porque você inspira positividade e felicidade
entre eles. Existe algo em você que faz com que as
pessoas querem segui-la. Prêmios são outra forma de
persuadir os subordinados por sua performance.
Líderes comumente têm o poder de conceder incen-

tivos ou outras recompensas, que irão encorajar os colaboradores a concluir suas tarefas e superar suas expectativas. Um líder que tem habilidades interpessoais fortes também pode descobrir que as pessoas a admiram, e, portanto, a seguirão naturalmente. Ter conhecimento e informação sobre a empresa que as pessoas não possuem também a coloca em uma posição única e poderosa como líder. Se você sabe de algo antes de todos, isso indica que você é uma figura de autoridade dentro da organização.

Estar consciente dos poderes que você tem como líder lhe permite mantê-los sob seu controle. Você pode usar esses poderes para ajudar as pessoas a terem sucesso.

Hora de Praticar

É sua vez de conquistar sua credibilidade, como um dos aspectos mais importantes ao se tornar uma ótima líder. Criar conexões através da confiança lhe permitirão desenvolver sua marca como a pessoa a quem todos recorrem. Isso, por sua vez, vai aumentar sua visibilidade dentro da organização.

Dicas Para Construir Credibilidade

Posso confiar em você?

Ideia: Crie Conexões

Crie conexões no trabalho. Com pessoas com

quem você pode contar para aconselhá-la. Quanto mais conexões você fizer, mais pessoas você pode procurar para ter apoio quando você mais precisar. Criar conexões é gerar confiança. Quanto mais as pessoas confiam em você, mais confiável você se torna para elas. Isso leva tempo e esforço da sua parte. Cuidar de relacionamentos no ambiente de trabalho se tornará uma das habilidades mais importantes que você pode aprender.

Meta: Seja Confiável

As pessoas confiam naquelas com quem podem contar. Uma vez que elas acreditam que você é uma pessoa de confiança, você se tornará alguém em quem elas podem confiar. Confiança é crucial para o seu sucesso como líder. Torne isso sua marca e você nunca terá que se preocupar com seu crescimento dentro da organização.

Ideias de Como Criar Conexões

1. Participe de comitês
2. Torne-se uma mentora para os novos colaboradores
3. Participe de eventos sociais

Faça sua autoavaliação de 1 a 10 pontos nas seguintes questões:

1. O quão confiável eu sou neste momento?

2. O quanto minhas conexões são boas?

3. O quanto eu sou confiável neste momento?

Se você fez 5 ou menos pontos em qualquer uma das perguntas acima, examine onde você precisa dedicar mais tempo. Encontre formas de aumentar o seu fator de confiança.

Posso Respeitar Você? Ideia: Pense Grande

Faça uma lista de conquistas e realizações e encontre uma forma de falar sobre elas de um jeito que parcça natural para você. Essa não é a hora de subvalorizar suas habilidades, educação e experiência. Mostre o que você sabe de uma forma que funcione para você. O sucesso é muito importante e deve ser valorizado e expressado. Você trabalhou duro para chegar aonde está e você precisa fazer com que as pessoas saibam disso.

Meta: Ser Humilde

Não existe forma melhor de se autopromover do que as pessoas a promoverem. Você pode conquistar isso agregando valor, compartilhando informações sobre o conteúdo que você publicou ou sua experiência em um assunto ou apenas sendo uma referência em sua área. Isso irá posicioná-la como uma profissional na sua área. Seus colegas retribuirão querendo promover sua experiência.

4

Fazendo-se Ouvir - Conquistando Visibilidade

COMO LÍDER, FREQUENTEMENTE IRÃO ESPERAR QUE VOCÊ SAIA DA sua zona de conforto e confronte seus medos. Um dos motivos mais comuns para as pessoas se sentirem desconfortáveis quando elas estão ganhando visibilidade é porque se expor é assustador! Mas veja, é NECESSÁRIO. A melhor forma de ganhar visibilidade é falar publicamente.

Você já ouviu a expressão, jogar alguém às feras? Bem, quando você tem grande visibilidade, muitas vezes pode parecer que está se expondo ao que você sente como perigoso uma vez que você está se expondo a julgamentos. Claro, sempre haverá pessoas que irão julgá-la sem motivo algum. Mas estar em evidência nem sempre é tão ruim quanto você pensa que é, nós simplesmente nos apavoramos com a expectativa. Pesquisas nos mostram que *99% das coisas com que nos preocupamos nunca acontecem.*

A estimativa é de que aproximadamente 75% das pessoas têm medo de falar em público. Esse é um dado interessante quando consideramos que, basicamente, estamos sempre falando em público de alguma forma. Falamos em público quando enviamos um e-mail ou falamos ao telefone, quando participamos de reuniões ou esbarramos em alguém no corredor. Toda vez que nos comunicamos com outras pessoas estamos nos apresentando de uma forma que impacta como somos percebidos. Isso acontece porque a comunicação permite que as pessoas formem uma impressão de nós.

Visibilidade é algo que precisa ser trabalhado. Para tornar o exercício mais consistente, este capítulo está dividido em três partes:

1. Preparação
2. Prática
3. Apresentação

Cada uma dessas três partes representam um papel crucial para aumentar sua visibilidade. Ao final deste capítulo, você terá uma ideia melhor do que você pode fazer como líder quando estiver em projetos de alta visibilidade e você entenderá como isso pode fortalecer a confiança de sua equipe.

Preparação é a chave se você quer ganhar visibilidade. Preparar-se leva embora um pouco do medo e da ansiedade que sentimos ao nos sentir visíveis. Para se preparar efetivamente, você pode:

Me escolha!

- É hora de ser pró-ativa criando e encontrando oportunidades
- Seja receptiva e aberta para dizer "sim" para as oportunidades que aparecem para você

Com quem você está falando?

- Gaste um tempo pesquisando seu público ou, ao menos, tenha uma boa ideia de quem eles são.
- Todos precisam saber disso para preparar uma apresentação sob medida. Não tenha medo também de desafiar a expectativa do público - isso a fará inesquecível
- Adapte o conteúdo de sua apresentação de acordo com o público. Uma vez que você sabe com quem está falando, pense no que eles precisam saber e não se esqueça deles quando estiver pensando nos seus temas para discussão

Quem está do seu lado, e de qual lado você está?

- Inspire as pessoas e as encoraje a usar suas vozes com confiança
- Ofereça oportunidades para ajudar as pessoas a encontrar suas vozes! Criar essas conexões pode ajudar as pessoas. Se você for além do esperado para ajudá-las, é

provável que eles retribuirão e a tratarão da mesma forma. Isso se chama reciprocidade

O preparo permite que você planeje sua fala em público com antecedência e permite que esteja preparada para qualquer coisa em seu caminho. Uma vez que você planejou, é hora de praticar.

CHECKLIST DA PRÁTICA

Se você já precisou fazer um discurso para sua família em um evento especial, você provavelmente o escreveu e praticou antes... certo?! Praticar para falar em um evento público deveria ser tratado da mesma forma e isso pode aumentar sua confiança. Os passos são:

Dê algo mais, desafie-se e contribua

1. Reflita como você usa sua própria voz. Em que momento você se pronuncia? Em que momento você se cala? Reflita sobre essas coisas para melhorar sua prática
2. Dê feedbacks de forma clara e honesta. Você irá descobrir que as pessoas gostam disso

Pratique. Pratique. E pratique mais um pouco

1. Pratique apresentando-se para sua família, seus amigos, seus aliados, seus filhos, em

frente ao espelho, em frente a uma câmera, ou até mesmo para seus animais de estimação! Toda vez que você fizer isso, trabalhe em algo que gostaria de melhorar

2. Coloque tudo em sua apresentação - sua mente, corpo, coração e voz são todos importantes. As pessoas querem ouvir quem você realmente é!

3. Encoraje as pessoas a praticarem oferecendo-se para ser um membro de seu público de teste

Concentre-se e não deixe o nervosismo ser um problema

1. Desenvolva seu próprio ritual ou mantra para manter-se calma, focada e pronta.

2. Lembre-se de respirar. Se você perceber que sua respiração muda, feche os olhos, inspire profundamente e expire o ar desde o topo do seu estômago

3. Viva o momento presente. Tente não pensar no amanhã ou no ontem, aproveite a experiência no aqui e agora

CHECKLIST DA APRESENTAÇÃO

Quando você apresentar, você pode usar diferentes métodos para comunicar-se efetivamente. Você pode mostrar sua paixão quando você se apresentar usando mais do que apenas sua voz - seus gestos com as mãos e tom de voz também causam um impacto. Apresentar pode ajudá-la a construir sua confiança, sua credibilidade, e também lhe dá uma plataforma por onde influenciar. E lembre-se, como nós já conversamos, essa habilidade pode ser fortalecida. Quando você estiver pronta para apresentar, você precisará:

Comunicar-se de forma clara e expressiva

1. Ajuste o ritmo do seu discurso para que seu público possa acompanhar e se engajar. Use pausas para permitir que seu público processe o que você acabou de dizer, vá devagar quando você disser algo importante e acelere (mas não muito) se você disser algo leve ou divertido. Tente se conectar com seu público e monitore o quanto sua fala foi compreendida e o quanto agradou.

2. Pense em seu tom. Ele sempre diz ao público sobre você e seus níveis de energia. Já falamos sobre o tom de voz e como você pode usá-lo para expressar seu humor. Tente também se manter consciente da sua entonação para você interagir com seu público e detectar o quanto ele está engajado. Se você ficar nervosa, respire profundamente para dar mais ênfase ao seu tom de voz mais graves e diminuir seu tom. Lembre-se da sensação de estar confiante e no controle.

3. Reflita sobre sua projeção. *Quem você precisa alcançar? Qual sensação ou ação você quer provocar?* Sua projeção a ajuda a se harmonizar com sua energia e seu centro. Mostre sentimento em seu discurso - por exemplo, fale devagar e claro em momentos sérios ou aumente sua voz para aumentar seu nível de energia ou entusiasmo. Você pode usar isso para dar ênfase em seus argumentos! Sempre lembre que a pessoa mais longe de você está ouvindo. Obviamente, você quer ser ouvida. Então, faça seu melhor para falar de forma que eles a ouçam e use um microfone se necessário.

Comunicação não verbal

1. Expressões faciais podem ser usadas para adicionar sentimento a sua fala. Sorrir mostra que você é acolhedora. Por sua vez, o público pode e irá demonstrar se está gostando de algo através de suas expressões. Mais da metade da mensagem de um apresentador é comunicada através de atos não verbais, tamanho é o poder disso!

2. A postura mostra seus níveis de energia, então preste atenção nisso. Se você está em pé ou sentada com a espinha ereta, com seus ombros para trás, você irá parecer confiante e acessível. Sua postura pode

ajudá-la a parecer forte e cultivar sua presença.

3. Gestos também são ótimos para demonstrar confiança e para fortalecer a presença. Se você se encolhe quando não sabe algo ou acena quando diz "olá", você mostra uma energia crescente durante sua apresentação.

4. Contato visual comunica integridade e promove confiança. Se você quer que seu público acredite no que você diz, se engaje e demonstre confiança, você precisará fazer contato visual. Ao passo que, se você olhar para o chão e mostrar inquietação, você aparentará ser menos confiável. Contato visual mostra coragem e confiança no que você está compartilhando.

5. Sua aparência também influencia a imagem que as pessoas têm de você. Como uma jovem líder, esteja pronta em suas apresentações. Vista-se profissionalmente, considerando a formalidade do evento, pois isso vai ajudá-la a decidir qual tipo de roupa precisa usar, mas sempre respeite sua individualidade. Não somos todas iguais. Vista algo que lhe dê confiança e que seja apropriado para a ocasião!

Organize seus pensamentos pensando em Três[1]

1. "Pensar em três" lhe permite ter estrutura e a encoraja a pensar com os pés no chão. Se você assimilar essa estratégia, ela vai lhe dar a certeza de conseguir falar sobre qualquer assunto no momento. Nós falaremos mais sobre isso nos próximos capítulos.

2. Ofereça uma P&R (Perguntas e Respostas) ao final da sessão. Diga a eles o que você faria primeiramente… então em segundo lugar… e então a conclusão. É muito provável que você ficará surpresa com o que você irá encontrar, sendo muito mais efetivo do que simplesmente dar uma resposta para uma pergunta. Um P&R mostra que você não tem medo de ser questionada por seu público, fortalecendo sua presença e integridade. Se você não tiver uma resposta, simplesmente diga à pessoa que você vai pesquisar e retomará contato com ela. Pratique fazer um resumo de seus pensamentos, e considere diferentes perspectivas ou abordagens em relação ao seu tema. Isso pode ser uma ótima forma de você se sentir mais preparada para qualquer imprevisto!

Hora de Praticar

A melhor coisa para melhorar sua visibilidade é pôr em prática suas habilidades de apresentação. Isso é fundamental para se sentir mais à vontade apresentando.

"A prática dá tranquilidade. Amplie suas experiências regularmente para que cada novo desafio não pareça ser o primeiro."
~ Gina Greenlee

Não existe melhor forma de atingir o pleno domínio em apresentações do que praticar toda vez que você tiver uma oportunidade. Agora, é sua vez de praticar, então use o modelo de dicas a seguir para se preparar para sua próxima apresentação.

Modelo de dicas a seguir para sua próxima apresentação

LISTA DE PREPARAÇÃO PARA DISCURSO/APRESENTAÇÃO

COMUNICAÇÃO VOCAL

RITMO - Guia a **ENERGIA** do público

- Como é o meu ritmo? Muito devagar, muito rápido ou certo?

ARGUMENTAÇÃO - Comunica o estado da sua própria **ENERGIA**

- Como eu me comunico com aqueles com quem eu me importo? Eu me sinto confortável?

PROJEÇÃO - Ajuda a harmonizar minha **ENERGIA** com a da audiência

- Aumente sua voz para enfasar. Abaixe sua voz para relaxar o público

COMUNICAÇÃO NÃO VERBAL

Expressões Faciais - Ajuste suas expressões ao que você está dizendo

Postura - Posturas de Poder trabalham para construir confiança e projetar sua voz

Gestos - Combine seus gestos com seu discurso. Descanse suas mãos para pousar

Contato Visual - Olhe para a Esquerda, para o Meio, e para a Direita do local

Aparência/Vestimenta - Pareça profissional, sinta-se mais confiante

PENSE EM TRÊS

Se dê uma estrutura usando a Regra dos 3¡

A primeira coisa que eu diria é...

A segunda coisa é...

A seguinte...

P&R

Isso mostra para o público que você tem controle total do ambiente

Quais perguntas você tem?

Como você fez isso de forma diferente?

Quem mais tem uma perspectiva nisso?

O que funcionou para você? O que não funcionou?

---

1. Nota da tradutor: aqui a autora se refere à técnica pouco explorada no idioma português chamada de "Rule of Three". Esta técnica sugere que quaisquer ideias apresentadas em trios são mais agradáveis e memoráveis para o público, como a história da "Cachinhos Dourados" e os três ursos, os "Três Mosqueteiros", etc. Esse conceito nada tem a ver com a Regra de Três usada na matemática e será explorada de forma prática no decorrer do livro.

5

Influenciar - Como Fazer Isso da Maneira Correta?

Nós já conversamos sobre influência, mas iremos revisitar o assunto agora porque - especialmente como uma líder no início da carreira - isso é extremamente importante. Se influenciar é importante para você, ganhar respeito e credibilidade é essencial. Muitas vezes acreditamos que líderes são pessoas mais velhas e com mais experiência. Se essa suposição é real, então isso significa que o líder jovem corre o risco de não ser levado a sério. Ao aumentar seus níveis de influência, você pode colocar um basta nessa crença e demonstrar que um jovem líder nunca deve ser subestimado!

Quando conversamos sobre aumentar a influência na liderança, percebemos que muitas novas gerentes não sabem como fazer com que isso aconteça com sucesso e por onde começar. Antes de mais nada, você pode ter que superar barreiras e crenças que seus subordinados podem ter quando se trata de seguir jovens líderes. Esse capítulo foca em como você pode fazer isso do jeito certo, para ter certeza de que você gera influência o mais rápido possível não somente dentro de sua equipe, mas dentro da sua empresa.

COMO É A LIDERANÇA PARA UMA LÍDER?

É revigorante ver jovens líderes nas empresas, mas elas frequentemente precisam encarar muitas dificuldades específicas. A ideia de que líderes têm, tipicamente, cerca de trinta e cinco anos de idade ou mais significa que muitas vezes há diferenças na ética de trabalho, no estilo de comunicação e nas prioridades entre as novas e as velhas gerações. Como resultado, muitas jovens líderes acham desafiador conquistar respeito e influência dos membros mais velhos da sua equipe. Existem formas de superar isso.

Líderes jovens ou no início de suas carreiras comumente trazem formas criativas e vibrantes de pensar, uma nova abordagem às coisas e perspectivas únicas para o negócio. Eles são contratados porque a empresa acredita que eles podem fazer seus trabalhos bem, mas a equipe pode achar difícil se adaptar a um jovem líder com essas novas ideias. Todos devem se adaptar a mudanças, mas depende de você como líder ajudar sua equipe a crescer diante desse desafio. Se uma empresa busca seguir em frente e melhorar sua performance, a energia que um jovem líder traz pode ser o catalisador que faz isso acontecer.

A distância entre gerações aumenta conforme as gerações mais velhas retardam sua aposentadoria, enquanto mais recém-formados são contratados para papéis de liderança mesmo com menos experiência. Isso não significa que jovens líderes não servem para a função, mas que elas precisam se adaptar, aprender e crescer conforme se adaptam a seus papéis. Conquistar influência é uma forma de se fazer isso.

Mas como as jovens líderes podem conquistar influência de que precisam para liderar bem sua equipe e ganhar o respeito que merecem?

Você precisa ajudá-los a formar uma opinião positiva de você!

CONQUISTAR INFLUÊNCIA COMO LÍDER

Se você quer conquistar influência, você precisa desenvolver suas habilidades de comunicação, construir um forte relacionamento com sua equipe e garantir que está sendo clara quanto às metas, tanto do negócio quanto dos indivíduos envolvidos. Assuma responsabilidades mostrando que está interessada em sua equipe e em sua dinâmica. Você deve ter um forte entendimento sobre os objetivos e pressões que seus colaboradores enfrentam, independentemente da diferença de idade. Ambas as metas individuais e organizacionais devem estar alinhadas e depende de você garantir que elas estarão. Certifique-se de que você está sendo clara em todos os objetivos do negócio, em sua missão e valores para que você possa apoiar sua equipe e alinhá-los com os requerimentos da sua empresa e sua estrutura. Alinhamento é a chave para garantir que todos estão na mesma página. Você deve estar atenta ao conhecimento, aos pontos fortes - e quaisquer lacunas nessas áreas – de seus subordinados, de forma a ajudá-los a delegar tarefas e propor desafios a eles efetivamente. Lembre-se, você está preparando sua equipe para vencer se você atribuir tarefas alinhadas a seus pontos fortes e a ajudar a ir além e desenvolver-se no processo!

Como uma líder em ascensão, a maneira como você se comunica faz muita diferença. Trabalhar de perto com seus subordinados, informando a eles como você gosta de receber as informações e levando em conta as preferências deles é muito importante. Entender o estilo de comunicação favorito de cada pessoa pode facilitar seu trabalho. Seus subordinados também estão interessados em como você lida com conflitos, então garanta que você tem uma boa habilidade de escuta e está preparada para resolver problemas quando os conflitos surgirem. Seja aberta e honesta quando você os informar sobre como se comunicar com você ou abordá-la. Mostrar que você está disposta a ouvir e resolver qualquer problema no caminho irá ajudá-la a ganhar seu respeito e confiança. Os relacionamentos serão fortalecidos dentro de sua equipe também. Comunicação é um aspecto muito importante do negócio, então esteja atenta no início, para aprender o que funciona e o que não funciona, para que você tenha sucesso na jornada.

Se por um lado isso a ajuda a ganhar respeito e gerar influência no ambiente de trabalho, você também pode usar isso para trabalhar o relacionamento com seus subordinados. Obviamente, sua vida será mais fácil se você tiver relacionamentos positivos com eles! Além disso, se os membros da equipe estão felizes, a produtividade e a satisfação no trabalho crescem. Reuniões de equipe, reuniões individuais com os subordinados ou atividades em equipe ou sociais são ótimas formas de fortalecer relacionamentos. Para incutir um senso de trabalho em equipe, você pode aumentar sua credibilidade identificando quem você quer influenciar. Então, use o que você sabe sobre sua equipe e construa seus relacionamentos de uma forma individualizada.

Conquistar credibilidade junto a seus clientes pode acontecer através de um processo parecido com o que você faz com sua equipe. Um líder que tem influência sempre permanece focado no cliente, consegue realizar entregas como foram solicitadas e tem uma compreensão profunda do valor que traz à mesa. Seu cliente então confiará em você, e por extensão, na empresa como um todo. Um líder que tem credibilidade fora do negócio, devido ao trabalho que ela faz pela empresa, tem poder para influenciar.

Hora de Praticar

Antes de começar a influenciar as pessoas, é uma boa ideia descobrir qual é o seu estilo de influência. Você empurra ou puxa? Vamos testar seu estilo de influência com o questionário abaixo. Baseie suas respostas nas atividades do dia a dia em seu trabalho.

Questionário de estilo de influência

Use do máximo de franqueza que você puder. O questionário pouco valerá a menos que você forneça uma descrição precisa e objetiva de seu comportamento.

Para cada afirmação, insira em cada casa a nota que corresponde à sua escolha a partir das cinco respostas abaixo.

4 – se você concorda totalmente, isto é, se a afirmação descreve com precisão suas ações.
3 – se você concorda parcialmente, isto é, se a afirmação descreve razoavelmente suas ações.
2 – se você está indecisa, isto é, você não tem de fato certeza se a afirmação descreve com precisão suas ações.
1 – se você discorda parcialmente, isto é, se você acha que a afirmação provavelmente não descreve suas ações.
0 – se você discorda totalmente, isto é, se a afirmação não descreve suas ações de jeito nenhum.

Responda ao questionário o mais rápido possível e não hesite em usar as notas máximas ou mínimas quando necessário.

Leia com atenção cada afirmação abaixo e avalie o grau com que ela descreve seu comportamento em situações em que você precisa influenciar outras pessoas.

Interpretação da Pontuação

O questionário dá uma indicação do quanto você usa cada um dos dois diferentes estilos de influência no seu trabalho.

- A Caixa A lhe dá a visão geral da pontuação do estilo de influência CONSTRÓI CAMINHOS (Pull).
- A Caixa B lhe dá a visão geral da pontuação do estilo de influência ABRE CAMINHOS (Push).

A sua pontuação geral para cada estilo pode ser interpretada da seguinte maneira:

- 54-72 Adota com certeza o estilo
- 42-53 Tendência a adotar o estilo
- 30-41 Não adota nem evita o estilo
- 18-29 Tendência a evitar o estilo
- 0-17 Evita com certeza o estilo

Estilos de Influência – Constrói Caminhos/Abre Caminhos

Pesquisas ao longo de vários anos sobre o comportamento de influenciadores efetivos revelam dois tipos básicos de influência chamados de ABRE CAMINHOS e CONSTRÓI CAMINHOS.

Estilo Abre Caminhos (*PUSH*)

O estilo Abre Caminhos é caracterizado pelo uso extensivo de três tipos de comportamento. O influenciador gasta mais de 70% do seu tempo nas seguintes atividades:

- Fazendo Propostas
- Dando Informações
- Bloqueando ou Encerrando

A lógica do Estilo Abre Caminhos é de que as pessoas são influenciadas por propostas convincentes e bem fundamentadas. Os segredos para usar o estilo Abre Caminhos com sucesso são: a qualidade das propostas, as informações dadas, a capacidade de fazer com que essas propostas sejam ouvidas sem dar espaço a outras.

O estilo Abre Caminhos tende a ser mais efetivo sob uma ou mais das seguintes condições:

1. O destinatário tem pouca experiência ou entendimento do problema e reconhece a necessidade de ajuda ou orientação.
2. Não há comprometimento real com o *status quo* e o destinatário não se sente ameaçado ao aceitar a proposta.
3. O destinatário reconhece a legitimidade do poder do influenciador (ex. expertise, posição, imposição física).

4. O destinatário confia na argumentação do influenciador.

Estilo Constrói Caminhos (*PULL*)

O estilo Constrói Caminhos é composto por três comportamentos diferentes. O influenciador gasta 35% ou mais de seu tempo nas seguintes atividades:

- Testando o Entendimento
- Buscando Informações
- Construindo

A lógica do Constrói Caminhos é de que as pessoas são influenciadas mais rapidamente quando têm consciência de suas necessidades, motivos, aspirações e preocupações. Os segredos para usar efetivamente o Estilo Constrói Caminhos são: a qualidade das perguntas usadas para testar a compreensão e buscar informações, e a habilidade de construir ideias e propostas com base nisso.

O Estilo Constrói Caminhos costuma ser eficaz na maior parte das situações, mas é particularmente útil nestas condições:

1. O destinatário da tentativa de influência tem opiniões e pontos de vista fortes.
2. O destinatário está comprometido com o *status quo* e pode ter dificuldade em aceitar as propostas do influenciador.

3. Não sabemos o que o destinatário acha aceitável.
4. O influenciador não tem nenhuma base de poder reconhecida ou não deseja usar sua base de poder já estabelecida.
5. É importante que a tentativa de influência tenha um efeito de longa duração, isto é, o influenciador deseja obter algo mais do que a obediência do destinatário.
6. O relacionamento entre ambas as partes é novo ou há um retrospecto de desconfiança.
7. Tentativas anteriores de usar o Estilo Abre Caminhos falharam.

Evidências de pesquisas sugerem que, quando os estilos Constrói Caminhos e Abre Caminhos se misturam durante uma tentativa de influência, o resultado é uma queda na efetividade. Os dois estilos parecem cancelar um ao outro. Então é importante escolher conscientemente um estilo em particular antes de tentar influenciar alguém e permanecer nesse estilo durante todo a reunião.

Claro, é possível para um influenciador usar diferentes estilos com o mesmo destinatário em ocasiões diferentes ou após um adiamento. Às vezes os dois estilos podem ser usados juntos se dois influenciadores, agindo como uma equipe, empregarem cada um dos estilos.

Até aqui, abordamos habilidades de comunicação, agora é hora de mergulhar mais profundamente na comunicação em si. No próximo capítulo, nós falaremos sobre como se comunicar efetivamente com sua equipe. A comunicação está altamente relacionada à influência, à conquista de credibilidade e ao aumento da visibilidade. Ao aperfeiçoar suas habilidades de comunicação, você também irá aperfeiçoar sua capacidade de influenciar, de ser confiável e de controlar sua visibilidade. Ninguém conseguirá te parar! Te garanto!

6

Como Comunicar-se
Eficazmente com Sua Equipe

Uma vez que abordamos ideias sobre comunicação nos capítulos anteriores, é especialmente importante para líderes em ascensão reconhecerem o quanto é realmente essencial a comunicação eficaz com sua equipe. Pergunto: *como você pode esperar que sua equipe trabalhe efetivamente e alcance metas de alta performance se não consegue comunicar o que você espera dela?*

"No trabalho em equipe, o silêncio não é ouro, é mortal."
~ Mark Sanborn

Como a frase sugere, quando se trata de sua equipe, mais é melhor. Mais comunicação, mais abertura para ouvir e dar *feedback*, e mais clareza. A falta de comunicação pode ser mortal para sua equipe. No capítulo 5, falamos sobre jovens lideres que precisam liderar diferentes gerações. Como uma líder em ascensão, você precisará aperfeiçoar suas habilidades de comunicação para que seu impacto seja maior. Aprimorar sua comunicação é um passo importante para liderar sua equipe com sucesso.

Muitas jovens líderes acham desafiador manter o respeito e a autoridade quando estão gerenciando colaboradores mais velhos. Neste capítulo, focaremos em poucos passos simples para melhorar suas habilidades de comunicação enquanto exerce sua autoridade. É hora de aprender a se comunicar com coragem e confiança!

POR QUE É TÃO PENOSO PARA UMA JOVEM LÍDER LIDERAR GERAÇÕES MAIS VELHAS?

Se vamos resolver este problema, é importante em primeiro lugar entender por que o problema surgiu. Para uma gestora mais jovem, colaboradores mais velhos geralmente parecem ser intimidadores pelos seguintes motivos:

1. O colaborador mais velho tem muitos anos de experiência no trabalho, inclusive vários anos na empresa em que você trabalha agora.
2. Leva mais tempo para os colaboradores mais velhos e experientes confiarem plenamente em sua jovem líder.
3. Pode ser desconfortável, como uma jovem líder, orientar um colaborador mais velho e

mais experiente, especialmente se liderar é algo novo para você.

Atenção! Se você quer liderar, você deve estar disposta a ficar desconfortável.

Sim, colaboradores mais velhos podem ter mais anos de experiência no trabalho nessa ou naquela empresa. Mas sua experiência é diferente da deles e é tão valiosa quanto. Você tem muito a oferecer e você trabalhou duro para chegar a este momento da sua carreira. Sua expertise está em liderar, ou ao menos, estará quando você acabar de ler este livro. Portanto, quando você se tornar uma líder experiente em gerenciar pessoas, e sua equipe estiver composta por colaboradores de gerações mais velhas com muita experiência, vocês poderão fazer coisas incríveis juntos!

Se um colaborador mais velho não estiver disposto a respeitá-la, então isso diz mais sobre o caráter dele do que o seu como líder. Algumas vezes leva tempo para ganhar o respeito de sua equipe. Bons líderes entendem isso e gastam seu tempo aprendendo sobre a equipe que irão liderar. Se esse é o caso de sua equipe, não leve para o lado pessoal! Má vontade geralmente é uma resposta baseada nos medos e crenças disfuncionais deles - você tem o poder para mudar suas mentes mostrando a eles respeito e exercendo uma boa liderança.

É isso mesmo. Você pode liderar gerações mais velhas e ser respeitada ao mesmo tempo. Não esqueça que respeito é uma via de mão dupla, não existe espaço para desrespeito no ambiente de trabalho. Se você se comunicar bem e demonstrar confiança em suas habilidades, você irá, com o tempo, ganhar o respeito de sua equipe. Seja paciente e permaneça consistente em sua abordagem.

Eu espero que isso lhe dê um insight sobre como liderar gerações mais velhas pode ser desafiador, mas não impossível. É importante ser consistente em seu papel como líder. Consistência gera confiança, e confiança gera superequipes!

COMO EFETIVAMENTE GERENCIAR A COMUNICAÇÃO COMO UMA JOVEM LÍDER EM ASCENSÃO

Como uma líder, você deve gerenciar a comunicação de forma efetiva. Você pode fazer isso:

1. Não perdendo tempo em crenças

Não desperdice seu tempo com as crenças que você tem... ou com as crenças em que você acredita que fizeram sobre você. Seja direta, honesta, educada, respeitosa e garanta que você sabe dos fatos antes de formar suas opiniões. Conhecer sua equipe - e a empresa para a qual você trabalha - irá ajudar a fazer isso acontecer. Novamente, não mergulhe em crenças que as pessoas podem ter sobre você, simplesmente foque em pôr em prática o melhor de sua capacidade e você irá mudar a cabeça deles com sua ética de trabalho!

2. Tenha consciência da tradição

Às vezes, existem tradições em um ambiente de trabalho que são importantes para os colaboradores que trabalham ali por um longo tempo. Tenha consciência sobre isso e se envolva. Se você tentar alterar uma tradição que é importante para os subordinados, você pode gerar conflitos, então tente ser compreensiva e respeitar as tradições permitindo que elas continuem, a não ser que seja absolutamente necessário mudar alguma coisa.

3. Não comande ou exija - ao invés disso, se esforce para entender

Se você começar a liderar sua equipe dando ordens, fazendo exigências e mandando nos subordinados, sua equipe não terá boa performance. Ser líder é muito mais do que mostrar quem manda. Você precisa inspirar, motivar e ter empatia com sua equipe. Reserve um tempo para se comunicar resolvendo situações pelo diálogo e conhecendo sua equipe. Facilite discussões em grupo caso novos projetos surjam ou conflitos estejam acontecendo ou ainda se as metas não estejam sendo alcançadas. Criar um ambiente inclusivo, onde cada opinião conta, pode aumentar a motivação da equipe.

4. Não se deixe a idade interferir

Idade é apenas um número! Então não permita que isso interfira em seu trabalho. Se você acha difícil lidar com um membro mais velho em sua equipe direta, lembre de que você tem o dever de tratar a todos da mesma forma. Ainda que você possa abordá-los de outra forma, você precisa ser direta e honesta do mesmo modo. Você merece estar em seu papel de liderança, independentemente da idade.

5. Reconheça as preferências de cada geração

Todos nós trabalhamos de jeitos diferentes, e é importante reconhecer isso. Como líder, você deve reconhecer as preferências de cada geração para que você possa ser flexível em sua abordagem quando necessário. Ainda que você possa simplesmente exercer sua autoridade, trabalhar com os subordinados lhe permitirá criar relacionamentos que mostrarão que você é adaptável. Por exemplo, se um integrante de sua equipe prefere ligações rápidas a trocar e- mails porque ele valoriza ter discussões pessoalmente, tente se adaptar a seu jeito de se comunicar. É importante reconhecer que esse tipo de diferença entre gerações existe e é não é algo ruim. Nesse exemplo, uma ligação rápida pode resolver em cinco minutos o que e-mails podem levar o dia todo para resolver. Muito tempo pode ser desperdiçado no leva-e-traz, enquanto que uma conversa rápida irá tratar dos problemas e resolvê-los num instante.

Comunicar-se efetivamente com sua equipe deveria

ser importante para todos os líderes, mas você ainda está tentando conquistar sua própria credibilidade e ganhar respeito de sua equipe, então *como você gerencia a percepção das pessoas sobre você?* Vamos falar sobre isso no capítulo 7!

7

Como Gerenciar a Percepção sobre Você

Você provavelmente conhece a frase "percepção é realidade", *mas você já considerou o seu real significado?*

Percepção é o resultado de entender e interpretar algo. Em outras palavras, é a interpretação das outras pessoas sobre o seu comportamento, baseada em seus próprios sistemas de crença. São as coisas em que elas acreditam ser verdade. O que isso significa para você? Isso significa que as pessoas analisarão suas capacidades e sua eficácia o tempo todo. Elas irão observar o que você faz e isso irá impactar em sua realidade e nas crenças delas - isso criará a percepção sobre você.

A percepção é individualizada, mas nem sempre as coisas são como parecem ser. Um evento pode ter muitas interpretações diferentes. Por isso, este capítulo foca em como os líderes podem gerenciar percepções.

AS MUITAS INTERPRETAÇÕES DE UM ÚNICO EVENTO

As pessoas geralmente interpretam eventos de formas diferentes. Vamos refletir sobre a fábula abaixo:

Era uma vez um fazendeiro que tinha um cavalo e o cavalo fugiu. Seus vizinhos o confortaram, esperando que ele ficasse bravo e triste. O fazendeiro simplesmente disse: "Vamos ver. Quem pode saber o que é bom ou ruim?"

Na semana seguinte, o cavalo voltou e trouxe uma dúzia de cavalos selvagens com ele. Ele e seu filho reuniram todos eles. Os vizinhos comentaram sobre sua boa sorte. Eles esperavam que ele estivesse feliz, mas novamente o fazendeiro disse: "Vamos ver. Quem pode saber o que é bom ou ruim?"

No dia seguinte, um dos novos cavalos quebrou a perna do filho pisando nela. Os vizinhos disseram que eles sentiam muito. Eles esperavam que ele estivesse chateado, mas mais uma vez ele disse: "Vamos ver. Quem pode saber o que é bom ou ruim?"

Pouco tempo depois, o país entrou em guerra. Eles recrutaram todos os homens jovens e saudáveis para lutar com o exército. Como ele estava machucado, o filho do fazendeiro não foi convocado. Durante essa guerra terrível, quase todos os soldados morreram. Os vizinhos do fazendeiro o parabenizaram por seu filho não ter ido à guerra. Eles esperavam que ele ficasse feliz e aliviado, mas a resposta do fazendeiro se manteve a mesma: "Vamos ver. Quem pode saber o que é bom ou ruim?"

Qual é a moral da história? A percepção nem sempre está correta, mas pode parecer muito real. Os eventos que os vizinhos pensaram ser ruins influenciaram outros eventos que resultaram em coisas boas. O cavalo retornou com outros cavalos no começo da história, o que foi ótimo para o fazendeiro. Alguns eventos positivos resultaram em algo ruim acontecendo, como o filho do fazendeiro sendo atropelado pelas pessoas cavalos. Quem somos nós para saber se algo é bom ou ruim? As coisas simplesmente acontecem!

Sua interpretação da vida e seus eventos frequentemente ditam como você se sente. Os vizinhos na história rapidamente julgam as experiências do fazendeiro, ainda que ele seja cuidadoso em não se deixar levar por esses julgamentos. Ele entende que existem diversas interpretações para cada evento na vida. Assim como ele, você tem o direito de escolher como você se sente sobre as coisas. Você está no controle da sua própria narrativa.

Esse conceito a ajuda a entender o impacto da sua mente e como ela é moldada por todas as experiências em sua vida.

COMO GERENCIAR PERCEPÇÕES A DIFERENCIA DE OUTROS LÍDERES

Você sabe como usar sua capacidade para gerenciar as percepções para diferenciá-la de outros líderes? Uma das formas pelas quais você pode fazer isso é controlando sua própria narrativa. Essa é uma das maiores habilidades a serem desenvolvidas e não vai simplesmente ajudá-la como líder, mas também como pessoa. Ao escolher qual caminho seguir, você recupera o controle. Isso pode ser empoderador, uma vez que você não está permitindo que sua energia seja controlada por eventos aleatórios, o que a deixa livre para escolher algo que aumente seu nível de energia. Controlar a narrativa mostra sua confiança e demonstra sua coragem. As pessoas irão reconhecer isso em você.

Quando você controla sua narrativa, você tem a capacidade de escolher aquilo que mais a empodera. Claro, precisa ser uma narrativa verdadeira. Nada de bom vem ao enterrar sua cara na areia e se recusar a acreditar na verdade! A mesma coisa vale para ignorar eventos negativos porque você quer manter o pensamento positivo. É sobre lidar com eventos e entender que a narrativa não é fixa e compreender que é sua perspectiva que determina sua experiência. Você sempre está no comando da sua perspectiva!

Existem desafios que você irá enfrentar ao controlar sua própria narrativa. A maior questão enfrentada por jovens líderes que tentaram fazer isso é o fato de que nossos cérebros processam percepções automaticamente. Isso significa que controlar sua própria narrativa demanda prática, porque você tem que reprogramar sua mente para interpretar as coisas de forma diferente. Vai exigir tempo e esforço, mas estar consciente de si mesma pode ser essencial para alterar o que você decide ver. Quando você, conscientemente, mudar sua mente sobre o que você escolhe ver - e como - você irá começar a perceber suas respostas automáticas e impedir uma reação instantânea. Ser mais consciente te permite ganhar controle.

COMO GERENCIAR PERCEPÇÕES

É importante como as pessoas a percebem como líder. Percepções não gerenciadas se tornam rumores, que se transformam em fofoca, e então uma história sem relação com a verdade é criada. Isso pode ser destrutivo para seu ambiente de trabalho, então é importante que você lide com as percepções das pessoas. *Mas como você gerencia as percepções que as pessoas têm de você?*

Se o seu objetivo é influenciar, liderar e se comunicar bem com as pessoas, o primeiro passo é entender como as pessoas a percebem, então você conseguirá ajustar qualquer percepção que não se alinhe com quem você realmente é.

Você conseguirá isso:

- **Recebendo *feedback* das pessoas** – ao pedir *feedbacks*, você convida as pessoas a mostrarem a perspectiva delas sobre você. Você pode então reservar um tempo para autorreflexão, considerando o *feedback* que você recebeu. Estar disposta a analisar o *feedback* exige comprometimento e coragem, mas se você estiver aberta, terá sucesso.
- **Faça aquilo que você diz** - isso permitirá que você motive sua equipe e aja com convicção. Suas ações devem estar de acordo com suas palavras. O melhor a fazer é comunicar os motivos por trás de suas decisões e manter essa conduta. Dê a eles o

"porquê" que está por trás do "quê". Você também agir conforme o que você diz e mostrar às pessoas que elas podem confiar em você e em sua palavra. Se você não fizer isso, você permitirá diferentes interpretações e você poderá ser vista como não confiável.

- **Esteja consciente de como você impacta as pessoas -** como líder, você precisa estar consciente do impacto que o estresse tem em você e como isso é visto pelas pessoas. Esteja visível durante os tempos difíceis tanto quanto nos momentos bons, para que você possa responder a perguntas, conduzir discussões ou celebrar com sua equipe. Esteja presente como líder a todo momento e permita que os subordinados a vejam! *Ver para crer*, como se diz.

Pode parecer óbvio, mas vale dizer que - se as pessoas não a percebem como líder delas, elas não a seguirão. Provavelmente, eles escolherão pedir demissão, causando estresse e custos mais altos de contratação. Isso também irá impactar a efetividade e a performance de sua equipe. Então, garanta que você causa a impressão certa - o mais rápido possível é decisivo -, pois percepções ruins grudam como lama e são muito mais difíceis de mudar depois.

OK, antes de irmos para a seção II, pare o que você está fazendo agora mesmo, por favor! Você está gostando deste livro? Ele está sendo de valor para você? Se você respondeu "Sim" para ambas as perguntas, por favor, vá à amazon.com, vá para *"Sua Conta - Seus Pedidos - Avaliar o Produto"*. Você pode ajudar muitas outras novas líderes incríveis a decidir comprar este livro e aprender como realmente fazer a diferença. Sua avaliação pode fazer isso acontecer. Então, não espere, avalie agora. Mesmo se você só der as 5 estrelas, é o suficiente para alguém escolher este livro e tomar uma decisão que mudará sua carreira.

Seção II - Liderando Pessoas

Como líder, você obviamente tem a responsabilidade de gerenciar as pessoas. Parte do seu dever é mantê-los comprometidos e motivados. Se por um lado é importante liderar a si mesma, você também deve liderar sua equipe. Frequentemente as pessoas ficam descomprometidas por causa da falta de uma boa liderança.
Lembre-se...

"Você não inspira seus colegas de equipe, mostrando-lhes como você é incrível; você inspira seus colegas de equipe mostrando como eles são incríveis".
~ Robyn Benincase

Esta seção foca em liderar pessoas da forma mais efetiva, para que você possa motivá-las e encorajá-las a apresentarem o seu melhor desempenho. Você vai se aprofundar sobre se tornar uma líder melhor ao liderar pessoas, entendendo a importância da autenticidade e estudando as principais estratégias que lhe permitirão dar *feedback* para seus subordinados da forma mais impactante possível.

Você terá a oportunidade a aprofundar suas habilidades como líder analisando estratégias de comunicação e melhorando a segurança psicológica da sua equipe. Nós também vamos abordar como você pode implementar táticas de motivação reconhecendo e dando destaque, e depois, aperfeiçoar sua habilidade de delegar como líder.

Liderar pessoas é a oportunidade para uma grande líder ajudar as pessoas a crescer. Sua capacidade de liderar pode mudar sua equipe e a cultura do trabalho, para melhor.

Vamos começar...

8

Como Liderar Pessoas

Nossos colaboradores são seres humanos e é importante que não esqueçamos disso como líderes. Nesse capítulo você irá descobrir como você poderá liderar seres humanos considerando as expectativas e sonhos de seus subordinados, assim como seus medos e preocupações. Cada uma dessas coisas é uma parte essencial da natureza humana e - para liderar bem - um líder eficiente precisa incorporar sua humanidade no seu estilo de liderança.

Vamos nos aprofundar também em sua humanidade como líder para que você possa criar relacionamentos fortes e duradouros com sua equipe e outras pessoas que fazem parte da sua empresa.

Em nosso mundo ultraconectado, paradoxalmente, nós nos encontramos menos conectados do que nunca. É nossa responsabilidade como líderes incentivar e adotar relacionamento dentro de nossa equipe.

Aumentar a conexão humana fará nosso negócio ter ainda mais sucesso e aumentar sua performance!

O QUE "AGIR DE MODO HUMANO" PODE SOMAR EM MEU ESTILO DE LIDERANÇA?

Como líder, existem cinco excelentes formas para agir de modo humano em seu estilo de liderança:

1. Você é humana e é importante que você mostre esse seu lado quando estiver liderando. Sua equipe precisa ver a versão real de você. Sim, isso inclui seus defeitos. Ser nós mesmos é natural e isso nos torna acessíveis. Sua experiência a ajudará a desenvolver seu estilo de liderança. Assim, ao se abrir, você está sinalizando para que as pessoas façam o mesmo, potencializando os relacionamentos humanos.

2. Seja autoconsciente. Nós já falamos sobre autoconsciência neste livro. Reservar um tempo para refletir e se tornar consciente daquilo em que somos bons fazendo - ou não tão bons - é algo positivo. Muitas pessoas não consideram porque fazemos as coisas ou dizemos o que dizemos, mas isso certamente é algo em que precisamos refletir quando quisermos nos tornar mais autoconscientes. Fazendo autoanálise regularmente, poderemos liderar com compaixão e empatia, criando

relacionamentos humanos ao longo do tempo.

3. Entenda as pessoas. Algumas vezes as pessoas se comportam de uma forma específica e nós não compreendermos. Mas se você quiser trazer humanidade para seu estilo de liderar, você precisa ao menos tentar. Foque em quem as pessoas são, mais do que elas fazem e as valorize. Seja solidária, para que elas saibam que você se envolve e se sintam capazes de confiar em você. Lembre-se de incluir seus subordinados nas discussões sobre assuntos do trabalho e descubra o que eles pensam. Promover a inclusão e solicitar *feedback* da equipe pode ajudá-la a entendê-la melhor e aperfeiçoar sua conexão humana.

4. Tenha educação! Ser líder não é desculpa para deixar de ser gentil, cortês e educada com as pessoas. Isso geralmente é uma expectativa que as pessoas têm de nós e mostra que as valorizamos. Um simples "obrigada" pode fazer com que sua equipe se sinta muito melhor sobre o trabalho que fizeram.

5. Seja uma líder visível e acessível. Tradicionalmente, líderes e gerentes não eram vistos com frequência. Esses dias acabaram. Então, se você espera que sua equipe se comunique bem e tenha uma boa performance, você deve ser vista e sua

equipe deve se sentir capaz de ter acesso a você. Você pode usar seu relacionamento humano para construir uma equipe feliz e produtiva.

Existe um provérbio antigo que diz que para ser um grande líder você primeiro precisa ser um bom ser humano. Isso nunca foi tão real! Se nos relacionarmos com as pessoas e abraçarmos nosso lado humano, iremos propiciar competência e liderança, porque elas se sentirão capazes de conquistar qualquer coisa.

Agir de forma humana como líder tem muitas vantagens, então vamos nos aprofundar nisso antes de encerrar esse capítulo.

QUAIS SÃO AS VANTAGENS DE AGIR DE FORMA HUMANA AO LIDERAR PESSOAS?

Tradicionalmente, líderes e gestores lideram suas equipes através de avaliações e pelo medo, mas os líderes de hoje em dia têm uma perspectiva mais equilibrada. Líderes modernos são conhecidos por sua criatividade, inovação e habilidade de preparar as pessoas. Um líder assim traz diversas vantagens para a empresa.

1. A maior vantagem de agir de forma humana quando estiver liderando é que isso incentiva os colaboradores a se engajar. Assim, a equipe fica mais produtiva em seu trabalho, uma vez que ela está

completamente envolvida no que está fazendo. Dessa forma, o negócio atrai os melhores candidatos. Isso significa que a pessoa certa tem a habilidade certa para fazer seu trabalho e está apta a trazer uma abordagem nova para o negócio. Se um líder cultiva sua equipe, candidatos em potencial ouvirão falar da cultura da empresa e como ela valoriza seus colaboradores, tornando a organização mais atraente para novos talentos. E isso irá resultar em uma crescente reputação positiva no mercado.

2. Responder bem a mudanças. Negócios constantemente mudam. Se você aderir a uma abordagem mais humana, os subordinados irão responder muito melhor à mudança. Eles farão perguntas, falarão sobre a mudança, estarão abertos a novas mudanças e desafios e se sentirão incluídos no processo de mudança.

3. Preparar um futuro líder. Quando você mostra humanidade em sua abordagem e desenvolve sua equipe, você está ajudando a preparar a próxima geração de líderes. Com isso, o negócio poderá recrutar internamente e a empresa terá um custo menor de recrutamento pelo fato de os colaboradores estarem felizes e quererem ficar!

Não há dúvida de que, ao demonstrar compaixão, sendo empática, e abraçando nosso lado humano, poderemos liderar de uma forma que ajuda as pessoas a crescer. Essa é uma situação em que todos ganham! Beneficia tanto o colaborador com potencial de desenvolvimento, como o líder que tem uma equipe confiável e comunicativa, e também a empresa, que cresce e aproveita uma reputação mais positiva. E tudo isso porque você está sendo VOCÊ!

Quando você é uma líder que as pessoas querem seguir, você muda o jogo. Entretanto, isso não significa que você não é vulnerável e não cometerá erros de vez em quando ... porque nós ainda somos humanos! Existe uma lição a ser aprendida com cada obstáculo. Uma líder competente é dona de sua realidade. Ela aceita, faz disso parte de sua própria jornada de aprendizado e usa seus erros para aprender e ensinar.

No próximo capítulo, focaremos em como você pode dar *feedbacks* eficazes como líder. Agir de forma humana é importante aqui também. Por quê? Porque se você quer que seus subordinados realmente se relacionem com você e considerem seu feedback, você pode aplicar o que aprendeu neste capítulo para desenvolver como você fará isso.

9

As Sete Estratégias de Feedback - Qual é a Melhor para Você?

Feedback é um aspecto essencial da liderança. Uma vez que você encontrar a melhor estratégia, você poderá começar a usá-la a favor da sua equipe, da organização e de você mesma. Como líder, você precisa dar *feedbacks* diretos e eficazes. Eles devem melhorar a performance dos seus colaboradores e encorajá-los a crescer e a se desenvolver.

O objetivo do *feedback* é impulsionar os colaboradores, não os desencorajar. Existem 7 maneiras efetivas que você pode usar quando estiver dando *feedback* às pessoas para garantir seu impacto.

Por que *feedback* é realmente importante?

Líderes sabem que dar *feedbacks* construtivos a seus subordinados:

- Gera motivação

- Melhora a performance
- Incentiva o crescimento
- Promove fidelidade
- Aumenta o engajamento do colaborador
- Melhora os relacionamentos e o ânimo da equipe
- Oferece um modo estratégico de aconselhar e orientar visando desenvolver os colaboradores

O impacto do *feedback* dado depende de como ele é *entregue*. Esse é o fator determinante entre sucesso e fracasso. Muitos colaboradores encaram o *feedback* apenas como crítica. Como líder, é sua responsabilidade contextualizar a conversa no formato certo.

Se o *feedback* é negativo ou vago, pode desmotivar os colaboradores. Até *feedbacks* positivos podem se transformar em negativos se o colaborador sentir que eles são elogios vazios ou não são verdadeiros.

ESTRATÉGIAS DE *FEEDBACKS* EFICAZES

Sua tarefa mais importante quando estiver dando *feedback* é compartilhá-lo de forma que funcione para você e para os subordinados. Cabe a você tirar o maior proveito da conversa e por isso eu recomendo que você aplique as estratégias abaixo para dar *feedback* da forma mais eficaz possível.

1. **Orientado a objetivos -** você dá *feedback* para os colaboradores oferecendo uma

sessão de *minifeedback*. Você focará no objetivo final e manterá a discussão centrada no que o colaborador pode fazer para alcançar aquele objetivo. Sua comunicação no ambiente de trabalho irá refletir essa estratégia.

2. **Tangível -** você dá um *feedback* tangível e específico, o que novamente se relaciona com um objetivo final. Uma das reclamações mais comuns sobre *feedbacks* é serem vagos. Então, se você quer dar *feedbacks* tangíveis, eles devem ser diretos e específicos. Diga "você fez um ótimo trabalho com o relatório que preparou para mim ontem…" e então você pode mencionar algo, em particular, de que você gostou.

3. **Orientado a ações -** você dá *feedback* que foca nas coisas que podem ser trabalhadas imediatamente. Um líder pode descobrir que precisa mudar comportamentos, e nesse caso, ele precisa oferecer direções claras. Se um colaborador é grosseiro com outro, você precisará identificar como ele está sendo grosseiro, por exemplo, focando no comportamento (ação) e não na pessoa - o que ele fez exatamente? Apontando esse comportamento específico, ele pode mudá-lo mais facilmente. Simplesmente dizer que ele foi "grosseiro" com um colega não o ajuda a mudar.

4. **Focado -** Um líder deve ser claro e direto. Um erro comum cometido por gestores é fazer uma lista de todos os problemas e guardá-los, e então discutir todos de uma vez. Problemas e conflitos deveriam ser tratados assim que aparecerem, e diretamente. Guardá-los para depois é um erro e parecerá mais como um ataque à pessoa do que *feedback*. Ela se sentirá desvalorizada por causa disso. Mantenha o foco no panorama geral e foque em uma ou duas coisas por vez. Lembre-se de estipular prazos para checar os resultados e objetivos.

5. **No momento certo -** é melhor dar *feedbacks* na hora, especialmente se for no momento em que você viu alguém fazendo algo *certo*. Se você reconhecer seu sucesso em público, isso também reforça aquele comportamento positivo para os outros membros da equipe. *Feedback* positivo é um motivador poderoso, mas garanta não discutir publicamente nada que não seja naturalmente construtivo. É melhor falar disso em particular.

6. **Regular -** *Feedback* é algo que um líder deve oferecer regularmente. Não é apenas um evento reservado para avaliações e revisões da performance anual. Para ter impacto, deve ser regular. É melhor realizado em conversas particulares, no momento, quando necessário, ou quando a

ocasião pedir. Conversas regulares de *feedback* garantem que os subordinados continuem a ter performances de alto nível. Se um líder ou gestor tiver interações regulares com um colaborador, aquele colaborador tem três vezes mais chance de estar engajado no trabalho. Isso a ajudará a construir relacionamentos dentro da equipe e também mostrará que você está dedicada a sua equipe.

7. **Consistente -** É importante que você seja consistente ao dar *feedbacks*. Às vezes, ambientes de trabalho geram muita pressão, mas como líder, você deve reservar um tempo interagindo e dando *feedbacks* para sua equipe constantemente. É sua responsabilidade encontrar tempo no seu dia para garantir que está dando *feedback*. Tenha uma estratégia para isso e mantenha-se nela. Encontre tempo na sua agenda. É extremamente importante. Sem isso, sua equipe não irá explorar sua máxima capacidade. Irá perder a direção e a motivação.

Pense no *feedback* como placas de trânsito claramente identificadas. Sem elas, todo mundo estaria andando em círculos!

Dar *feedbacks* eficientes para sua equipe é uma forma efetiva de gerenciá-la e melhorar seu moral e sua performance. Se o *feedback* for construtivo e consistente, você notará uma grande diferença. Sua equipe se sentirá reconhecida e valorizada. Como consequência, relacionamentos positivos são criados e seus subordinados irão evoluir e crescer. A empresa inteira se beneficiará. Empresas que dão *feedbacks* consistentes registram um aumento de 8,9% nos lucros, segundo o *Gallup*.

Como uma jovem e eficaz líder, o *feedback* consistente não é um luxo, mas um dever. Você também precisa refletir sobre a autenticidade em seu papel como líder. Esse é o foco do próximo capítulo.

10

Como Trazer Autenticidade Para a Liderança

Todos querem um líder em quem podem confiar e é sua responsabilidade conquistar essa confiança entre você e aqueles que você lidera. Um líder autêntico atinge resultados, e - porque são genuínos - eles constantemente desenvolvem seu estilo de liderança e lideram com propósito.

"Um líder genuíno não está em busca do consenso, mas modela o consenso."
~Martin Luther King. Jr.

Quando você é uma líder autêntica, as pessoas correspondem. Vamos encarar os fatos, isso é tudo o que queremos! Conseguir quebrar os moldes e se tornar parte das novas gerações de líderes significa que você realmente entende o que é necessário para liderar pessoas.

Nesse capítulo nós exploraremos como você pode

trazer autenticidade para a liderança e os benefícios que surgem com isso. Para saber o "como" e o "porque", precisamos primeiramente refletir sobre o que significa ser uma líder autêntica.

O QUE SIGNIFICA SER UMA LÍDER AUTÊNTICA?

Às vezes, as pessoas entram em funções de liderança e tentam ser quem não são. Se você tentar ser alguém além de você mesma, as pessoas perceberão. Mais cedo ou mais tarde, sua verdadeira versão irá se revelar. E! Sua verdadeira versão pode ser exatamente do que as pessoas precisam... mas se você nunca a mostrar, você nunca saberá. As pessoas irão questionar sua autenticidade, resultando em desconfiança em você.

Autenticidade é ser verdadeira consigo mesma, independentemente antes de tudo das situações e obstáculos que você encontra. Quando você se torna líder, mostrar quem você realmente é se torna imperativo. Situações difíceis e visões idealizadas formadas por outros dificultam muitas vezes para que os líderes ganhem respeito de verdade ou alcancem suas expectativas. Trilhar seu próprio caminho é igualmente animador e perturbador. Seja lá o que decidir, decida rápido. Dessa forma você consegue cometer erros logo e melhorar sua liderança tão rápido quanto.

Ser autêntico nem sempre é fácil, porque situações difíceis no início da liderança podem nos testar e nos desafiar.

Ser autêntica é ser:

- Honesta
- Genuína
- Verdadeira com você mesma

Se você tentar ser qualquer coisa além disso, você não está sendo autêntica. Não faça isso! Autenticidade é importante, especialmente em papéis de liderança, então vamos falar sobre algumas vantagens. Não só para você mas para toda a equipe também.

AS VANTAGENS: POR QUE PRECISAMOS DE LÍDERES AUTÊNTICOS?

Para ter a total confiança dos outros, precisamos ser autênticos. Isso é muito importante para aumentar sua credibilidade e visibilidade. Líderes vistos agindo de forma autêntica comumente são tidos por convincentes e carismáticos. Dessa forma, um líder autêntico organicamente recebe respeito e conquista simpatia.

Sinceridade é a melhor tática nos negócios e na vida! Como líder, você é mentora das pessoas. As pessoas a procuram. Você deve cultivar a autenticidade para que as pessoas a sigam, respeitem e confiem em você. Elas irão começar a espelhar-se em seu comportamento e agir de forma similar. Autenticidade gera autenticidade!

A liderança autêntica lhe permite conquistar uma boa reputação e isso se reflete na organização.

COMO DESENVOLVER SEU ESTILO DE LIDERANÇA AUTÊNTICO

São poucos passos para trilhar se trazer autenticidade para sua liderança for importante para você. Excelentes líderes entendem a importância de criar relacionamentos autênticos com os subordinados. Eles fazem isso:

1. **Tornando-se mais autoconscientes -** isso é essencial para toda líder, uma vez que você conhece seus pontos fortes e faltas, assim como o que a motiva e quais valores você carrega. O processo de autodescoberta pode começar com sua própria história, mas deve ser aplicado às coisas que você aprendeu. Isso exige ouvir *feedbacks*, mergulhar fundo nos seus pontos fortes, desenvolver inteligência emocional e explorar seus pontos fracos ou deficiências.

2. **Entendendo seus valores pessoais -** refletir sobre seu estilo de vida pessoal vai ajudá-la a entender melhor seus princípios, valores e paixões. Você pode então aprender a aplicar suas paixões, o que influenciará na forma pela qual você lidera. Ter valores fortes é a base que alimenta seu fogo e lhe permite se tornar uma líder mais confiante e efetiva.

3. **Equilibrando suas motivações -** quando você começa a explorar seus

valores pessoais e a aumentar sua autoconsciência, você entenderá o que a motiva. Existem dois tipos de motivação: *extrínseca e intrínseca*. A motivação extrínseca é a resposta comum ao medir seu sucesso. São coisas tangíveis, como seu carro, casa, dinheiro, etc… são ótimos motivadores a médio prazo. Porém, bens materiais não sustentam continuamente a motivação. Líderes frequentemente começam a sentir insatisfação por conta da falta de significado, uma vez que os motivadores externos não nos mantêm motivados a longo prazo. As motivações internas são mais significativas. Elas estão altamente conectadas aos seus valores pessoais, o que significa que elas lhe oferecerão uma sensação de completude, o que falta aos motivadores externos. É importante que você encontre o equilíbrio entre as duas. Tenha certeza de que você estará motivada pelas coisas tangíveis e se sentirá completa pelas coisas intrínsecas.

4. **Descobrindo e desenvolvendo sua equipe de apoio -** líderes não conseguem ter sucesso por conta própria, precisam de apoio e aconselhamento de outras pessoas. Essas pessoas são chamadas de "promotores" porque seu papel é ser a pessoa que a irá ajudar e incentivar suas ideias para que melhorem ou mudem. Em

troca, líderes autênticos constroem equipes que se apoiam e se mantêm com foco. Uma equipe dessas tem melhor performance uma vez que todos oferecem feedback um ao outro, além de perspectivas equilibradas, e por consequência, são mais engajados. O líder treina e desafia sua equipe de forma autêntica.

5. **Equilíbrio da vida pessoal e profissional -** um líder é equilibrado e consistente em todas as áreas da sua vida quando é verdadeiramente autêntico. Ele é bom em equilibrar sua vida pessoal e suas habilidades de liderança eficiente e ambas as realidades frequentemente se entrelaçam na jornada para a autenticidade. Permita que isso aconteça e mantenha-se profissional durante o processo. Uma vez que você construiu relacionamentos profissionais fortes com seus subordinados, você perceberá quando eles forem afetados pelo *burnout*. Equilibrar as demandas do trabalho e da vida pessoa é difícil até nos melhores momentos e se tornou ainda mais agora que a maioria das pessoas está trabalhando de casa. Nós falaremos mais sobre isso no capítulo 28.

6. **Lembre-se de suas origens -** se um líder está sendo autêntico, ele precisa estar equilibrado em sua própria vida. É importante passar tempo com a família e

amigos, se exercitar, aproveitar seus *hobbies* e manter-se responsável. Práticas espirituais podem ajudar com isso, lembrando de seus valores, de onde você veio e lhe permitirá ir na direção das suas metas e paixões. Isso será realmente útil se você quiser que sua autenticidade seja sustentável. Então, faça valer a pena, faça durar!

7. **Inspire e empodere os que estão ao seu redor -** uma vez que você promoveu sua autoconsciência, você pode usar sua voz autêntica para inspirar e empoderar as pessoas. Líderes autênticos criam uma cultura de lealdade e confiança e não têm medo de ser vulneráveis e mostrar suas emoções... somos apenas humanos! Através disso, você irá inspirar seus subordinados a liderar ou assumir novos papéis e desafios. Como resultado, a empresa irá reter e desenvolver seus maiores talentos, além de atrair pessoas qualificadas com as mesmas visões, valores e objetivos. É fato que líderes autênticos geram resultados sustentáveis, o que ajuda a organização a crescer.

Ao passo que o desenvolvimento do estilo de liderança autêntico requer coragem e honestidade, refletir sobre suas próprias experiências, entender seus valores e motivações, e ser dona da sua própria história pode ajudá-la a se fortalecer em seu papel de líder. Você poderá conquistar a confiança e empoderar outras pessoas. Aprender a ser uma líder autêntica e abraçar seu estilo de liderança vai lhe trazer equilíbrio. É uma jornada impactante e essencial que deve ser trilhada para reforçar seu posicionamento como uma líder eficaz!

11

Promova a Participação dos Colaboradores Através da Segurança Psicológica

Você tem a responsabilidade de desenvolver seus subordinados. Isso traz muitos benefícios para você, para os negócios e para os próprios colaboradores. Mas nem sempre é fácil. Um jeito de se fazer isso é promovendo a participação do colaborador. Vamos nos aprofundar sobre o que isso significa.

A participação dos colaboradores permite que eles trabalhem organicamente e criem e compartilhem conteúdo sobre o que autenticamente lhes interessa. Isso é importante, pois garante que seus colaboradores estão completamente engajados, construtivos e confiáveis. Basicamente, você os está ajudando a se tornar autênticos e a otimizar sua produtividade. Uma forma efetiva de promover a participação do colaborador é através do que é chamado de "segurança psicológica". Segurança psicológica acontece quando os colaboradores se sentem à vontade para falar e expressar suas ideias, preocupações e erros, sem nenhum medo ou repressão. Seus subordinados somente irão fazer isso se você criar um ambiente que incorpora a segurança.

Uma das formas mais impactantes de criar relacionamentos positivos com clientes e estabelecer sua marca como uma líder exemplar é através da participação do colaborador. Vamos refletir sobre o que essa ativação é exatamente, como você pode promovê-la através da segurança psicológica e como isso pode beneficiá-la como líder, assim como ao negócio.

Como líder, você deve liderar bem sua equipe e encorajá-los a trabalhar de uma forma que seja a melhor para o negócio. Isso é impactante, pois a equipe se sente incentivada a construir relacionamentos fortes e de confiança com os clientes. Neste capítulo, focaremos em como você pode usar o conceito de segurança psicológica para instigar seus colaboradores e fazê-los trabalhar de uma maneira que beneficie a todos.

Vamos nos aprofundar sobre alguns destes benefícios...

BENEFÍCIOS DA PARTICIPAÇÃO DOS COLABORADORES

Criação de relacionamentos positivos - a forma mais impactante para construir relacionamentos positivos com clientes e estabelecer sua marca como uma líder reconhecida é através da participação dos colaboradores. É uma tendência de mercado difundida que potencializa o trabalho do marketing e engaja os clientes.

1. **Aumento da inovação** – é mais provável que a inovação ocorra quando os colaboradores se sentirem à vontade para falar, correr riscos inteligentes e pensar de forma criativa.

2. **Maior retenção de colaboradores** - se você contribui com a felicidade dos colaboradores, eles provavelmente ficarão na empresa por mais tempo. Ao criar um ambiente no qual eles se sentem à vontade para falar, são valorizados e desafiados você terá mais chances de retê-los. Isso facilita as coisas para você também, uma vez que você pode construir uma equipe em que pode confiar e conhecer. Para o negócio, é muito mais econômico, já que o processo de recrutamento pode ser custoso e longo.

3. **Melhor performance e produtividade** - é um fato conhecido que uma força de trabalho feliz tem melhor desempenho e é mais produtiva. Dizem que a produtividade aumenta em até 25% por conta da participação dos colaboradores.

4. **Melhor reputação** - equipes de alta performance e felizes contribuem para o negócio e permitem que sua reputação floresça, especialmente se essa empresa se promove de dentro para fora. Todos nós queremos ser parte de uma empresa onde

sentimos que temos um futuro e podemos contribuir com o sucesso dela.

Boa reputação potencializa a retenção de colaboradores em 18%.

Falamos sobre os benefícios da participação dos colaboradores, mas vamos deixar bem claro o que isso significa.

O QUE É A PARTICIPAÇÃO DOS COLABO-RADORES?

Como já mencionado, a participação dos colaboradores pode ser um programa - ou simplesmente uma oportunidade - para que seus colaboradores possam compartilhar informações livremente entre si e seu líder, permitindo que cresçam e desenvolvam seu conhecimento e habilidades. Em essência, instiga os colaboradores. Pense na palavra "participação". Significa que algo se torna operativo ou ativo. Como líder, você está basicamente ligando a mente deles como se fosse um interruptor.

A participação dos colaboradores os incentiva a se engajar, criar e compartilhar conteúdos sobre temas que os interessam e têm a ver com seu desenvolvimento. Muitas empresas usam isso como uma ferramenta de marketing. A ideia é que os assuntos pelos quais eles se interessam estejam relacionados com seu trabalho, e isso pode ajudar o negócio a fortalecer sua marca, além de incentivar seus clientes ideais a fazerem negócios com sua empresa.

Esse conceito vai muito além do marketing porque, em muitos casos, ele aumenta o ânimo e se traduz em maiores retornos sobre o investimento.

Há muitas formas de seus subordinados participarem. Você pode oferecer treinamentos robustos, trabalhos de "sombra" e desafiá-los oferecendo uma oportunidade de participar em projetos de trabalho ou de soluções de problemas do negócio. Neste capítulo, iremos focar em como você promover a participação de seus subordinados através da segurança psicológica.

USANDO A SEGURANÇA PSICOLÓGICA PARA ATIVAR OS COLABORADORES

A segurança psicológica acontece quando seus subordinados acreditam que podem compartilhar suas opiniões, dúvidas, ideias, erros e preocupações sem ficarem constrangidos, serem punidos ou humilhados. Para fazer isso do jeito certo, eles precisam sentir que seu ambiente de trabalho é um lugar seguro. Você pode facilitar isso assegurando que a atmosfera da empresa em relação à equipe é aberta, acolhedora e honesta.

Apenas 30% dos colaboradores sentem que suas opiniões são consideradas no trabalho. Isso pode causar problemas quando sua equipe se sentir desvalorizada ou não se sentir ouvida, o que futuramente diminuirá a motivação e produtividade no trabalho. Isso também pode ter um impacto mental nos colaboradores - se eles se sentirem estressados, eles poderão não se abrir.

É seu papel garantir a adoção de um ambiente psicologicamente seguro para sua equipe e para outras equipes. Em troca, os colaboradores trabalharão efetivamente e se sentirão à vontade para expressar suas opiniões. Ambientes seguros também promovem outras características que criam uma equipe eficaz, como aumentar a confiabilidade, promovendo estrutura e clareza dentro da equipe, e dar propósito e sentido para ele. Por sua vez, vai aumentar o impacto da equipe uma vez que cada membro sabe que seu trabalho conta.

Em nível individual, a segurança psicológica promove a participação de seus subordinados, pois incentiva uma cultura de trabalho de alta performance, gera engajamento e leva a um nível mais alto de colaboração. Também encoraja os colaboradores a explorar organicamente novas formas de criatividade e desenvolve a habilidade de pensar.

OS DOIS INGREDIENTES PRINCIPAIS PARA A SEGURANÇA PSICOLÓGICA

São dois os ingredientes principais envolvidos na criação de um ambiente psicologicamente seguro. São eles:

1. **Escuta -** você deve ouvir o que os colaboradores têm a dizer e reservar tempo e espaço para que eles compartilhem suas

ideias e opiniões. Todos precisam ter a oportunidade de participar e é importante que os colaboradores estejam conscientes de que seu tempo e esforço contam. Nenhuma ideia é boba. Você pode até ter uma caixa de sugestões ou um fórum online compartilhado para a equipe postar suas ideias e *feedback*.

2. **Empatia -** é uma boa ideia se colocar no lugar de seus colaboradores e incentivar um ambiente aberto, encorajando a equipe para manter a mente aberta e a ser solidária. A empatia é a principal chave para a segurança psicológica, então não concorde com a cabeça apenas, mas ouça de verdade e conscientemente considere os pontos de vista deles. Você pode fazer isso resumindo a conversa em suas próprias palavras, fazendo perguntas e anotações.

Isso mostra que você reconhece o valor e a contribuição deles.

Se seu objetivo é criar um ambiente psicologicamente seguro, escutar de forma ativa e demonstrar empatia são os segredos do negócio! Isso é realmente liderar pelo exemplo. Em capítulos anteriores, falamos sobre diversidade, e é importante lembrar que isso também incentiva a segurança psicológica, porque garante que ninguém se sinta excluído.

Ao adotar a segurança psicológica, você estimula

uma equipe de alta performance, que entende seu próprio valor. Eles irão facilmente expressar seus pontos de vista e experiência específicos, e você começará a notar a mudança de cultura dentro da organização à medida que sua equipe "participa". Os colaboradores começarão a ficar mais engajados e inspirados e desenvolverão suas habilidades muito mais rápida e facilmente. Quando você promover a participação, eles conseguirão engajar e inspirar seus clientes também. Se é esse o tipo de equipe que você quer, você não terá escolha que não seja criar um ambiente seguro psicologicamente.

Eles merecem isso! Você merece isso! O negócio merece isso! É isso o que chamamos de Ganha-Ganha!

12

Incentivando a Comunicação Ascendente

A comunicação ascendente está se tornando cada vez mais difundida, enquanto métodos mais tradicionais estão indo na direção oposta. Ainda que você não precise que lhe digam o quanto a comunicação é importante no negócio, vale mencionar que a comunicação dentro do negócio - especialmente a comunicação ascendente - é decisiva.

A comunicação ascendente pode ser intimidadora porque desafia a cultura de uma organização e muda a maneira como os colaboradores percebem as figuras de autoridade. Líderes que estão abertos a esse tipo de comunicação têm mais chance de saber o que está acontecendo no negócio porque os canais de comunicação estão abertos.

Neste capítulo, focaremos na importância da comunicação ascendente, os desafios que ela traz, e como podemos encorajá-la no ambiente de trabalho. Uma vez que você aderir a essa abordagem como líder, você descobrirá que os subordinados acharão mais fácil compartilhar suas ideias, dar *feedbacks*, e compartilhar preocupações na sua rotina.

O QUE É COMUNICAÇÃO ASCENDENTE E POR QUE É IMPORTANTE PARA MIM?

Comunicação ascendente é a forma que seus colaboradores se comunicam diretamente com aqueles em cargos mais de maior senioridade. Por exemplo, é o modo com que os subordinados se comunicam com você, com outros líderes, gerentes e liderança sênior. Tradicionalmente, a comunicação é descendente. Gerentes se comunicariam com aqueles de mesma senioridade. Mas comunicação ascendente está começando a se tornar cada vez mais importante em negócios inovadores.

A comunicação ascendente encoraja as pessoas a compartilhar suas ideias, dar *feedbacks*, e compartilhar preocupações relevantes. É uma forma de uma empresa descobrir o que está acontecendo na organização. Isso encoraja inclusão, participação e engajamento. A SIS International Research sugere que as empresas perdem mais de $525,000 todos os anos como resultado da comunicação ineficaz entre gestores e seus colaboradores. Então, a comunicação está se provando ser mais importante do que nunca.

As organizações que incentivam a comunicação ascendente se beneficiam, pois promovem a transparência no ambiente de trabalho, facilitam a tomada de decisão, dão aos colaboradores uma experiência melhor no trabalho e garantem melhor colaboração na equipe. Quando um colaborador sente que pode se expressar, é muito mais provável que ele confie na empresa e nas pessoas que fazem parte dela. Melhor comunicação cria um ambiente de trabalho mais saudável, aumentando o engajamento e a retenção da equipe, uma vez que ela se sente valorizada e incluída. Gestores e líderes que aceitam *feedback* de seus colaboradores percebem que o relacionamento com eles cresce, especialmente se isso resulta na resposta adequada do líder ou então nele tomar uma atitude positiva.

A comunicação ajuda os colaboradores e os líderes a se alinharem em termos da visão da empresa, missão e objetivos. Canais fortes de comunicação permitem que todos se engajem e asseguram que estão indo, com sucesso, na direção de um alvo ou meta unificada. Os funcionários irão querer compartilhar seu conhecimento e colaborar se eles se sentirem valorizados e incluídos, pois eles incentivarão essa abordagem também. Você perceberá que eles compartilharão habilidades e conhecimento e se ajudarão uns aos outros em seu desenvolvimento mais livre e frequentemente. Contribuir com seu próprio conhecimento e experiência tem um efeito positivo na performance da empresa de um modo mais amplo.

Não há dúvida de que a comunicação ascendente leva à inovação porque os colaboradores buscam seu potencial máximo. Como líder, você deve reconhecer a importância de dar voz aos seus colaboradores! Claro, a comunicação ascendente não está livre de desafios... então vamos dar uma olhada em alguns deles.

OS DESAFIOS DA COMUNICAÇÃO ASCENDENTE

O desafio principal da comunicação ascendente é convencer todo mundo a ir contra os métodos tradicionais. Fazer a transição não é algo suave e você pode encontrar alguns problemas:

1. **Falta de vontade** – às vezes, seus subordinados podem não sentir vontade de aderir porque podem encontrar dificuldades. Tomar uma posição é visto às vezes como desafiar a autoridade e os colaboradores podem não querer fazer isso no início por não parecer natural. Você precisa tranquilizá- los.
2. **Medo -** colaboradores frequentemente temem que, se deixarem que seus superiores saibam de seus desafios, eles podem ser afetados negativamente. Isso se tornará mais fácil conforme a prática se consolida, mas isso pode exigir algum tempo seu para gerar a confiança antes.
3. *By-passing* **-** por conta da natureza da comunicação ascendente, seus subordinados podem decidir dar uma sugestão ou compartilhar ideias diretamente com seu gestor. Pode ser difícil

estar nessa situação, o que pode gerar confronto. Garanta que você está totalmente preparada para que isso aconteça e não leve para o lado pessoal. Discuta com seu subordinado depois e descubra como isso pode ser evitado da próxima vez. Uma vez que você entende seus motivos, você poderá prevenir que a situação aconteça novamente.

4. **Uso excessivo** - eventualmente, seus colaboradores podem usar a ideia da comunicação ascendente para contactar líderes e gerentes em demasia. Eles podem estar se comportando de uma forma desesperada que rompe com a cadeia de comando. Apesar de a comunicação ascendente ser inovadora, é necessário manter o equilíbrio e os colaboradores precisam refletir quando é adequado usá-la e quando não.

5. **Cometendo erros** - às vezes, os colaboradores não estão cientes de todos os aspectos do negócio, de modo que podem cometer erros ao comunicar informações ou dados, pois há muitas coisas que eles podem não ter considerado. Isso pode ser constrangedor e pode abalar a confiança deles em relações à comunicação ascendente. Você pode encorajá-los a buscar orientação se estiverem inseguros!

Apesar de a comunicação ascendente trazer alguns desafios que você deve enfrentar como líder, ainda vale a pena cultivar esse método de comunicação. Vamos continuar a falar sobre como você pode começar a encorajar a comunicação da forma correta.

COMO ENCORAJAR A COMUNICAÇÃO ASCENDENTE NO TRABALHO

É seu papel encorajar a comunicação ascendente e passá-la adiante. Há algumas maneiras de fazer isso...

O mais importante é conseguir a adesão de outros líderes e gestores, porque sua cooperação é crucial e a abordagem deve ser consistente. Pode ser difícil para os gestores incentivarem seus colaboradores a dizer o que pensam. Você não pode forçar isso, mas você pode criar uma cultura de comunicação aberta - a qual inclui gerentes e líderes -, que promove interação entre toda a equipe através de linhas abertas de comunicação. Dessa forma, assim como os fóruns em grupo e as políticas digitais das portas abertas, os colaboradores podem se comunicar sem medo.

Para fazer a transição para a comunicação ascendente, é uma boa ideia entender os colaboradores e seu estado mental. Lembre-se, eles podem achar isso desconfortável no início, mas você precisa continuar trabalhando na comunicação e motivá-los a adaptar-se. Garanta que isso é relevante, mas pessoal de um modo adequado. Por exemplo, refira-se a eles pelo nome, e - se você sabe um pouco do que eles estão trabalhando no momento - pergunte como estão indo.

Mostrar que você tem interesse neles pode tornar a comunicação mais fácil, mas garanta que você escolheu o tipo certo de comunicação. *Um e-mail ou reunião serve ou é melhor uma conversa em particular?*

Os colaboradores podem evitar a comunicação quando em grupos, então crie oportunidades para todos expressarem suas preocupações, *feedback* ou ideias. Abra canais para eles fazerem perguntas ou comentarem sobre seus comunicados. Se você incentivar seus subordinados a criarem e compartilharem seu próprio conteúdo, você promoverá uma comunicação melhor, pois os colaboradores estarão, então, organicamente no comando da narrativa. Você pode então conduzir a conversa e dar propósito a ela!

Outro modo de encorajar a comunicação ascendente é sendo autêntica e acessível. Você já está familiarizada com a autenticidade, mas se você é amistosa e criou uma cultura de comunicação aberta, seus colaboradores acharão muito mais fácil abordá-la. Mostrar quem você realmente é ajudará a aliviar qualquer desconforto ou ansiedade que eles possam sentir em relação à comunicação ascendente. Você deverá permanecer autêntica e manter seus colaboradores atualizados com o máximo de material interno possível, que seja inspirador. Isso os manterá comprometidos e os fará "comprar" a comunicação ascendente.

Monitorar como o processo está indo poderá ajudá-la a descobrir o que funciona e o que não quando estiver motivando sua equipe. Esse controle vai ajudá-la a analisar a diferença que a comunicação ascendente está fazendo na equipe e na empresa. Se você entender o que está motivando seus colaboradores, você poderá usar esse dado para tomar e orientar decisões futuras.

Comunicação é importante no negócio, especialmente quando você precisa passar adiante alguma informação ou solicitá-la. Tão importante quanto a comunicação no ambiente de trabalho é também a delegação. No próximo capítulo, discutiremos formas de você ficar mais à vontade com a delegação.

13

Delegue Como Profissional

Ser capaz de delegar é uma habilidade essencial exigida de todos os líderes e gestores. Como líder, você deve ser capaz de delegar tarefas de maneira adequada. Conseguir fazer isso irá aumentar sua performance e a de sua equipe também.

Delegação não é simplesmente falar o que ou como as pessoas devem fazer. É uma ação estratégica que exige ponderação, mas às vezes também requer pensamento rápido. Neste capítulo, vamos refletir por que isso é tão importante, como podemos superar as barreiras que encontramos como líderes quando delegamos tarefas às pessoas e como podemos delegar eficazmente. Ser capaz de delegar mostra a consciência que nós temos de nossos subordinados e suas habilidades. Ao final deste capítulo, você se sentirá capaz de fazer isso com confiança e se sentir segura em suas escolhas quando o assunto for delegação.

Vamos começar analisando por que isso é tão importante!

POR QUE NÓS PRECISAMOS DELEGAR?

A delegação é uma habilidade de negócio essencial que todos os líderes e gestores devem dominar. É uma qualidade de liderança que mostra que você conhece seus subordinados e do que eles são capazes. Um estudo recente do Gallup descobriu que empresas lideradas por CEOs que são delegadores confiantes e eficientes têm melhor desempenho e alcançam uma taxa maior de crescimento. Você provavelmente está se perguntando o porquê disso, mas podemos resumir em uma única frase...

Delegar faz as coisas acontecerem!!!

Já falamos a respeito de conhecer seus subordinados e saber em que eles são bons. Ao usar esse conhecimento para delegar trabalho para o colaborador mais adequado, você está garantindo que o trabalho certo seja realizado pela pessoa certa. Essa pessoa é a mais provável em ter sucesso e por isso você garante que o projeto irá ser concluído corretamente e dentro do prazo previsto. Há inúmeros benefícios, tanto para o indivíduo como para a equipe como um todo:

- Os projetos são finalizados no prazo e dentro do orçamento.

- Seu subordinado se sente empoderado, já que você o organizou para vencer.
- Outros subordinados irão aprender com os pontos fortes e a autonomia desses colaboradores, o que irá encorajá-los a pensar de forma mais criativa e a usar abordagens diferentes. Isso também irá encorajá-los a se envolver.
- Você demonstra confiança, ao dar *ownership* de uma tarefa importante a um subordinado. Sua equipe irá reconhecer que eles são uma parte importante do todo.
- Aumenta a eficiência, porque nenhum líder pode fazer tudo o tempo todo - isso eleva o moral da equipe e melhora sua performance.

Delegar traz benefícios também para você. Permite que ganhe tempo para lidar com questões mais urgentes. Isso também te encoraja a priorizar as suas tarefas, e - enquanto você ainda estará supervisionando a tarefa - ela também empodera sua equipe e favorece que desenvolvam novas habilidades. Ao colocar sua confiança nos colaboradores, você perceberá que essa confiança aumenta. Portanto, os benefícios são mútuos e fortalece o relacionamento.

SUPERANDO AS BARREIRAS

Há algumas barreiras que você pode enfrentar como uma nova líder que delega, especialmente se isso é algo que você nunca fez antes e não é uma habilidade natural em você. Exige paciência e prática, mas não é nada que você não possa lidar. Na verdade, você já trabalhou alguns pontos-chave que a ajudarão a vencer desafios que você pode encontrar na sua função. As duas principais barreiras que um líder pode enfrentar quando delega são a resistência e a incerteza (não saber para quem delegar). Vamos nos aprofundar nisso.

Às vezes quando você instrui outro subordinado a fazer algo, você pode encontrar resistência. Ele pode não saber como desempenhar uma tarefa específica ou ainda não conquistou confiança suficiente. É importante ser uma figura de autoridade que é respeitada por sua equipe, então garanta que a base está sólida. Confie que aquela pessoa que está realizando a tarefa é capaz, tem apoio e quer que a equipe tenha sucesso. Garanta que a pessoa a quem você der a tarefa é alguém com quem você já começou a criar confiança. Coloque objetivos claros e verifique regularmente para garantir de que ela continua no caminho certo.

Outra barreira comum para a delegação eficiente é decidir qual dos subordinados tem as habilidades certas para realizar a tarefa em questão. Ao distribuir tarefas, você precisa organizá-los para que alcancem o sucesso e não fracassem. Quando você conhece sua equipe e aprende sobre seus pontos fortes, isso se torna muito mais fácil. Às vezes leva tempo para aperfeiçoar isso, mas você vai conseguir. Comece com tarefas menores, mais fáceis ou de baixa importância e comece a aumentar sua dificuldade e nível de importância. Dessa forma, você estimula a confiança ao delegar tarefas para os subordinados e também irá incentivar o desenvolvimento deles.

COMO DELEGAR EFICAZMENTE

A delegação eficaz é uma das mais difíceis transições que um líder deve fazer, quando deixar seu papel de "colaborador" para permitir e confiar que as pessoas irão realizar as tarefas de forma competente e independente. Quando um líder é novo, muitos colegas e gerentes de níveis superiores admiram sua habilidade em arregaçar as mangas e fazer o que tem que ser feito, mas você só pode fazer isso por um tempo. Ainda que queira reservar as delegações mais táticas no começo, você precisa aprender a abrir mão e confiar na sua equipe. Isso é difícil - mesmo para o líder mais experiente - então não se sinta mal se você achar tudo desafiador no começo. O segredo é praticar e manter um diálogo aberto com sua equipe sobre seus progressos.

Para a maior parte dos líderes e gerentes, as responsabilidades se tornam muito mais complexas. Nossas tendências humanas como a de não querer ofender ou prejudicar ninguém dificulta nosso trabalho... ainda assim você deve permanecer eficiente. Uma delegação efetiva assegura que isso aconteça, caso contrário você corre o risco de se tornar uma supercolaboradora e não a líder que você precisa ser. Ao trabalhar no engajamento de sua equipe e encorajando-a a contribuir, as ações dela podem ampliar sua presença. Vai "subir a barra" de seu potencial de liderança. Você frequentemente verá que eles gostam de contribuir com as prioridades compartilhadas e consequentemente irão produzir seu melhor trabalho. Lembre-se, isso é bom! É sua responsabilidade desenvolver líderes mais eficazes.

Se você realmente quer delegar de forma eficaz, seja clara e firme. Você irá direcionar como os subordinados percebem as tarefas que você deu a eles, além de incentivá-los a serem "donos" de seu trabalho. São cinco princípios que você pode seguir garantir uma delegação eficaz:

- Expresse por que algo é importante para você
- Esclareça suas expectativas - elas foram bem comunicadas?
- Pergunte o quanto você precisa estar envolvida – a equipe está disposta a assumir as rédeas?
- Pratique dizer "não"
- Peça que eles estabeleçam metas e prazos (obviamente, com sua supervisão)

É importante que você não foque na execução, então evite considerar o aspecto geral da liderança e mantenha-se focada no agora. Se você demonstrar confiança quando delegar, seguindo esses princípios, o trabalho será realizado porque as pessoas certas estarão focadas nas tarefas certas.

Delegar efetivamente não só constrói confiança,

mas também empodera sua equipe e incentiva o desenvolvimento profissional. Você também aprenderá mais sobre seus subordinados e pode começar a descobrir quem é a melhor opção para lidar com projetos ou tarefas específicas. Delegar tarefas e instruir as pessoas são pontos essenciais no papel de um líder - você não pode e não deve fazer tudo sozinha. No próximo capítulo, falaremos sobre motivar os colaboradores para ir além do destaque e do reconhecimento. Como uma líder sólida que tem a capacidade de inspirar as pessoas a liderar, você certamente estará pronta para *esse* desafio!

14

Destaque e Reconheça com Eficácia

Ás vezes podemos ser consumidos por nosso trabalho. Nem sempre gastamos tempo reconhecendo o trabalho que nossa equipe entrega. Sua equipe merece reconhecimento por suas contribuições e dedicação uma vez que eles garantem o sucesso da empresa. De tempos em tempos, eles precisam se sentir valorizados e reconhecidos. Como líder, você pode usar o reconhecimento para motivar seus colaboradores. Isso nunca foi tão importante quanto agora, durante a *"Great Resignation"*.[1]

Dar destaque é um motivador importante e é uma ferramenta excelente que pode ser usada para mostrar reconhecimento em público.

Neste capítulo, iremos focar em como você pode destacar de forma eficaz e explorar diferentes tipos de reconhecimento, e também os benefícios do reconhecimento e outras ideias de possíveis recompensas. Reconhecer os subordinados serve como uma afirmação positiva, o que os ajuda a alterar suas crenças subconscientes e os incentiva a adotar uma perspectiva mais positiva. Isso tem um impacto positivo nos negócios, porque ser otimista aumenta a produtividade e a performance.

Vamos dar aos nossos colaboradores o reconhecimento que eles merecem!

TIPOS DE RECONHECIMENTO

O problema com o reconhecimento é que cada colaborador o interpreta de forma diferente. Enquanto alguns preferem um agradecimento sutil, outros preferem que eles sejam feitos em público. É importante que cada líder considere isso quando mostrar reconhecimento. Vamos dar uma olhada em diferentes modos de elogiar:

- **Em Particular ou em Público -** algumas pessoas preferem elogios discretos quando estão sozinhas, outras preferem ser elogiadas na frente de outras pessoas. Você deve criar o seu estilo de reconhecimento para atender as necessidades de cada subordinado.
- **Anônimo ou Atribuído -** o reconhecimento anônimo é discreto e muitas pessoas preferem esse estilo. Ainda assim, ele geralmente é dado de uma forma em que se sabe de quem vem o elogio.

Colocar uma nota de agradecimento na mesa de alguém, comentar na *newsletter* da empresa ou parabenizar de forma anônima são excelentes modos de elogiar seus colaboradores. Enquanto algumas pessoas irão agradecer por gestos anônimos, outras vão preferir saber quem está por trás deles.

- **Superior ou Par -** enquanto é bom ser reconhecida por membros superiores da equipe, a maior parte das pessoas também valoriza quando o elogio vem dos seus colegas de equipe. Reconhecimento de todos os níveis é bom e um líder pode incentivar sua equipe a reconhecer e elogiar uns aos outros.
- **Realizações ou Comportamentos -** líderes frequentemente elogiam baseados em conquistas específicas ou métricas, mas é bom reconhecer o comportamento positivo geral das pessoas. Por exemplo, se um colega trabalha horas extras para cumprir um prazo ou se eles fazem algo mais o por um cliente ou colega.

Você deve descobrir como seus colegas e colaboradores preferem receber o reconhecimento. Tendo consciência dos diferentes tipos, você pode adaptar seu estilo para ir ao encontro das preferências de seus subordinados. Isso irá assegurar que eles sintam orgulho de seu trabalho e permaneçam motivados. Dar destaque é uma ótima forma de incentivar os subordinados a brilhar e alcançar o sucesso. O que quer que você decida fazer, lembre-se de fazer de forma autêntica. Seu reconhecimento precisa ser significativo para a pessoa que está sendo reconhecida. É uma boa prática deixar claro pelo que estão sendo reconhecidos e por quê.

Reconhecimentos não autênticos geralmente não pegam bem.

DAR DESTAQUE E SEUS BENEFÍCIOS

Dar destaque evidencia as conquistas, os feitos, os sucessos, a personalidade, a experiência e o tempo de empresa, que são importantes para os colaboradores e seu sucesso. Ao colocá- los no centro das atenções, você demonstra reconhecimento em público destacando seus melhores colaboradores para todo mundo e como eles contribuíram para o negócio.

Um líder que destaca seus colaboradores mostra o quanto eles o valoriza e o papel central deles no sucesso do negócio. Os benefícios de dar destaque incluem:

- **Promover as estratégias de recrutamento** – dar destaque ao colaborador ajuda a empresa a atrair os melhores. Você tem uma equipe de alta qualidade e seus colaboradores são motivados a brilhar.

- **Garantir conexões com os colaboradores é significativo -** quando você tem a oportunidade de entrevistar e escrever sobre seus subordinados, você consegue conhecê-los melhor e então terá mais probabilidade de se comunicar de forma mais eficaz com eles e vencer qualquer obstáculo na comunicação. Isso permite que líderes criem relacionamentos mais significativas com seus colaboradores.
- **Aumentar o engajamento e o alcance das mídias sociais -** você perceberá que dar destaque ao colaborador é muito praticado nas redes sociais e as pessoas estarão suscetíveis a compartilhá-lo. O colaborador pode compartilhar a novidade com sua família e amigos. Conteúdos como esse são muito mais vistos do que mensagens comerciais e promovem uma reputação positiva sobre a empresa, pois ela investe firmemente nas pessoas.
- **Ganhar contratos de clientes em potencial –** dar destaque ao colaborador dá uma cara humana à empresa. Portanto, se você negociando um contrato com outra empresa, a decisão do cliente pode ser baseada em quem eles pensam ser a melhor opção. *Você iria preferir trabalhar com uma empresa que valoriza todo colaborador ou uma empresa sem uma cultura forte?*

- **Melhorar a reputação da empresa-** dar destaque mostra que você investe tempo e dinheiro em seus colaboradores. Demonstra que sua empresa se envolve com suas pessoas. Clientes e empresas irão perceber isso, o que promoverá sua imagem pública, a qual poderá ajudá-la a atrair tanto a colaboradores e como clientes.

- **Melhorar o relacionamento com clientes –** dar destaque ao colaborador não só ajuda a ganhar novos contratos ou clientes, mas pode ajudar a melhorar o relacionamento com clientes atuais também. Os atuais clientes podem reafirmar seu compromisso em trabalhar com você e podem até usar a oportunidade para engajar com a sua marca ou sua equipe de um jeito mais próximo.

CRIANDO O DESTAQUE DO COLABORADOR

Muitos líderes são incertos de como dar destaque ao colaborador. Na verdade, é um processo simples. Você deve se perguntar três coisas:

Quem destacar? É possível para qualquer um em sua empresa ganhar destaque, então garanta que você está sendo inclusiva a não ser que alguém expresse que não quer ser incluído! Se um colaborador quiser participar, tenha certeza de que você irá destacar uma boa parte de sua equipe.

Lembre que todos merecem ser reconhecidos! Então, encontre outras formas de reconhecer em particular.

O que incluir no seu destaque? Existem muitos elementos que devem ser incluídos ao dar destaque- uma foto do seu colaborador, seu nome e cargo no trabalho, e uma mensagem direta. Tente colocar mais detalhes. Isso ajudará a quem ler a mensagem a se engajar com o destacado, querendo saber mais. Por exemplo, você pode incluir uma descrição detalhada do papel dele e dizer há quanto tempo ele trabalha na empresa. Então você precisa pensar em algumas perguntas e respostas relacionadas ao trabalho dele (antes de falar sobre coisas como seus hobbies e ativi- dades fora do trabalho). É sua responsabilidade como líder ajudar seus colaboradores a brilhar, então sinta-se livre para fazer outras perguntas. Tente encontrar outros fatos interessantes. Você pode perguntar a seus colaboradores sobre a cultura da empresa, por que eles gostam de seus trabalhos e/ou suas funções, e qualquer benefício da empresa deque eles gostam. Você pode fazer isso como uma sessão escrita de perguntas e respostas, ou uma entrevista por vídeo ou áudio. Eles precisam deixar o mundo exterior saber, de uma maneira autêntica, como é trabalhar para sua organi- zação. Não se concentre muito nas perguntas e respos- tas. Seja breve, doce e agradável. Não tenha medo de falar mais sobre algo interessante que seu colaborador compartilhar.

Onde exibir seu destaque?

EM TODO LUGAR!

Não tenha medo de postar destaques para seus funcionários em todos os lugares - de seus websites até páginas ou grupos do Facebook, ou mesmo publicá-los no blog de sua empresa! Facebook, Twitter e LinkedIn são ótimas plataformas para usar se você quiser levar seus destaques a um público engajado. Você poderia até usar pequenos trechos para anunciar a entrevista completa sobre o destaque. Os vídeos podem ser enviados para a conta de sua empresa no YouTube e depois compartilhada.

É fato, os destaques dos colaboradores transformam as empresas, então vale a pena reservar um tempo para fazê- los. Os benefícios para o colaborador, sua empresa e para você como líder são infinitos.

OUTRAS IDEIAS DE RECOMPENSA

Existem outras maneiras de motivar seus colaboradores, tais como dando-lhes recompensas. Uma maneira é juntar os membros da equipe e pedir que indiquem a pessoa que eles sentiram que arrasou na semana passada e por quê. Você pode então elogiar as realizações em conjunto e celebrar com os mais indicados. Algumas empresas indicam as pessoas no site da equipe como um recurso e parabenizam os colaboradores que se saíram excepcionalmente bem - por exemplo, Colaborador do Mês. Isto pode ser semelhante a um destaque, pois o post reconhece os colaboradores em outros aspectos de suas vidas e trabalho.

Um livro de mensagens da equipe também funciona bem, onde as pessoas podem deixar mensagens umas às outras, compartilhando vitórias ou celebrações por eventos pessoais e profissionais. Essas mensagens podem ser lidas nas reuniões semanais de equipe - e você pode até adicionar uma categoria especial para bem-estar ou saúde!

Há muitas formas de reconhecimento, mas as mais eficazes são dadas em público. Todo mundo celebrando vitórias juntos eleva o espírito de equipe! Como líder, você deve ter certeza de que os incentivos ou recompensas estão alinhados com os valores e a mensagem da empresa.

Discutimos como você pode liderar os subordinados, agora estamos prestes a ir para a seção III e falar sobre liderar sua equipe como uma só unidade. É hora de ser a líder de pessoas que sua equipe merece!

---

1. Great Resignation – movimento de pedidos de demissão em massa ocorrido nos EUA. N.T.

Seção III - Liderando Uma Equipe

Não há dúvida - a equipe é um reflexo de seu líder. Então, se você for uma gestora eficiente e proativa, você aumentará as chances de sucesso de sua equipe. Nem sempre é fácil liderar uma equipe diversa, especialmente no começo. Você provavelmente ainda está desenvolvendo suas habilidades, e ao mesmo tempo espera-se que você inspire e desenvolva cada um dos seus colaboradores simultaneamente... é uma grande responsabilidade!

Mas certamente você está à altura para alcançar.

"Liderança é melhorar as pessoas como resultado da sua presença e ter certeza de que o impacto permanece na sua ausência."
~ Sheryl Sandberg

Quando você é uma nova líder, você deve aprender a conhecer e gerenciar seus subordinados individualmente. Também é importante que você aprenda a liderá-los juntos, como uma unidade. Isso aproxima sua equipe, e por conta disso, eles trabalharão de forma mais eficiente rumo a um objetivo em comum, ajudando e dando apoio uns aos outros consistentemente. Esta seção se concentra em como você pode criar a visão de sua equipe e como você pode torná-la realidade. Isso envolve conhecer sua equipe e como ela trabalha enquanto explora pontos fortes e fracos. Nós também nos aprofundaremos na sincronização dos objetivos, na importância da confiança dentro da equipe e nas formas pelas quais você pode preparar sua equipe para o sucesso. Temos muito a fazer, então vamos começar.

15

A Visão Compartilhada - Como Torná-la Realidade?

Todo mundo tem uma visão. Um negócio tem uma visão, seus gestores e líderes têm uma visão e os colaboradores do negócio também têm uma visão. O problema? Nem sempre elas estão alinhadas.

Este capítulo analisa como criar uma visão clara e como isso pode ser usado para inspirar outras pessoas a compartilhar esse sonho. Elas podem se alinhar, resultando em todos trabalhando na direção dos mesmos objetivos e com expectativas parecidas.

Sua visão é seu ideal. É o objetivo visual em que você está mirando para o futuro. Você precisa descobrir como você vai chegar lá agora. Imagine que você quer escalar o Monte Everest daqui a um ano. Primeiro, você precisaria trabalhar em como treinar e se preparar para tal evento. Uma vez que você tem seu plano de treinamento, você então precisa encaixar esse plano em um cronograma que já existe e ter certeza de que você cumpra o prazo.

Liderar uma equipe não é muito diferente - você precisa de um plano de ação efetivo.

Mas como nós asseguramos que nossos novos projetos estejam alinhados com nossa visão e como nós podemos usar isso para inspirar nossa equipe?

Vamos ver em detalhes...

COMO PODEMOS ASSEGURAR QUE TUDO ESTEJA ALINHADO?

Ter uma visão clara vai inspirar sua equipe. Isso pode lhes dar o senso de direção de que precisa para ter sucesso e alcançar seus objetivos. Sua visão é o alicerce do seu planejamento de ação e de objetivos. Por isso, ela deve ser forte. Quando você estiver assumindo um novo projeto, você precisa levar em consideração três perguntas:

1. Como eu posso ter certeza de que minhas metas diárias, tarefas e visão estão alinhadas?
2. Quando as coisas estiverem difíceis, o que me manterá motivada?
3. Quem irá me dar suporte?

Os líderes mais inovadores são capazes de criar uma descrição inspiradora de para onde eles querem levar sua empresa para que as pessoas os sigam e deem apoio a seus esforços. Essa é a visão desses líderes e o alinhamento é o resultado das pessoas aderirem a essa visão. *Mas nem sempre é fácil...*

Seu sonho deve estar alinhado com o negócio e seus colaboradores. Precisa ser viável e ser o melhor para todos envolvidos, de outra forma você arrisca gastar seu tempo precioso persuadindo as pessoas a "comprar" sua ideia! Na maior parte dos casos, as pessoas obedecem à causa - ao invés de se comprometer. Uma visão compartilhada dá energia à equipe, o que incentiva o comprometimento e a motivação. A chave é garantir que sua visão se torne a visão de sua equipe e você pode criar isso aumentando o nível de envolvimento dela em sua criação.

Quanto mais profundo seu plano for, é mais provável que sua equipe o abrace. Você precisa encontrar meios de fazer com que sua equipe acredite na sua visão... porque se ninguém estiver apoiando, você estará lutando uma batalha perdida! Sua visão apenas se tornará realidade se as pessoas estiverem abertas para adotá-la também!

11 PASSOS PARA ALINHAR SEUS SUBORDINADOS COM SUA VISÃO

Conseguir com que as pessoas se alinhem aos seus sonhos significa que você tem que investir tempo e isso demanda bastante compromisso. Aqui estão 11 passos que você pode seguir se o alinhamento é seu objetivo final:

1. **Decida quem estará envolvido -** é mais provável que sejam seus subordinados, mas em alguns casos, você pode escolher outras

equipes ou *stakeholders* se envolverem (quando eles são um diferencial para sua visão).

2. **Reserve tempo para colaborar -** agende tempo suficiente para reunir todos que estão trabalhando nessa visão compartilhada. Assegure-se de que você vai trabalhar em algum lugar onde não será perturbada. Tente reservar um dia inteiro e reduza as interrupções, para estimular a criatividade e para construir um plano de ação bem pensado. Entretanto, se você estiver fazendo isso virtualmente - ou se você já está em um modelo híbrido - então agende reuniões menores, curtas. Eu não recomendo nada mais do que 60 minutos. Fadiga virtual é real! É provável que as pessoas irão ter problemas em manter o foco por mais de sessenta minutos.

3. **Estabeleça um facilitador neutro -** isso significa que você pode participar da reunião e realmente focar na tarefa que tem em mãos, em vez de ter que se preocupar em facilitar e fazer anotações ao mesmo tempo. Seu comprometimento com a discussão irá aumentar o envolvimento do resto da equipe.

4. **Prepare-se com antecedência -** garanta que o dia da colaboração seja agendado com antecedência, para assegurar que todos se preparem. Garanta

que você enviou documentos e outras informações relevantes com antecedência, incluindo resultados de pesquisas, pesquisas de mercado ou detalhes da concorrência. Defina e comunique expectativas para antes do trabalho, assim seus colaboradores se sentirão envolvidos mesmo antes da colaboração começar. Isso lhe permitirá se preparar antes do evento, para conseguir responder a todas as perguntas. Isso também permitirá que os membros menos comunicativos da equipe preparem sua contribuição. Se você irá pedir seus *feedbacks*, avise com antecedência.

5. **Prepare o cenário -** no início da reunião, analise os resultados desejados da colaboração e passe por toda a programação, defina regras básicas e converse sobre o processo. Você também pode verificar o trabalho que foi feito previamente e as opiniões de todos até o momento. Isso prepara o cenário para o resto da reunião e dá a certeza de que todos sabem o que esperar.

6. **Crie seu plano de ação -** se você quer o engajamento e a participação total de sua equipe, você precisa incentivar a abertura, a criatividade e a eficiência durante a reunião. Sua programação irá ajudar a mapear o dia da colaboração e vai ajudá-la a montar seu plano. Se você tem outra

pessoa facilitando, ela pode ajudá-la com isso. Seu plano de ação precisa detalhar o objetivo final, assim como os passos e processos que você usará para alcançá-lo.

7. **Não se preocupe em compor sua visão compartilhada ainda -** o tempo com sua equipe não deve ser desperdiçado em criar uma visão elegante e perfeita. Faça isso depois do evento se tiver a oportunidade ou peça a alguns membros da equipe para liderarem isso. Você pode comunicar por e-mail, em outra data, para descobrir como fazê- lo.

8. **Converse em particular com quem você discorda -** nem sempre nós concordamos em tudo, então se um subordinado não estiver alinhado, tenha uma conversa com ele em particular. Veja se ele ainda permanece comprometido com a visão e explore meios diferentes de ajudá-lo a se engajar novamente. Conecte a visão às suas necessidades, ideias e interesses.

9. **Depois da reunião -** você precisará se reunir depois de a declaração da visão ser esboçada e discuti-la. Peça a todos que contribuam e façam mudanças para aperfeiçoá-la.

10. **Atualize os *stakeholders* que não estavam presentes na reunião -** é sua responsabilidade revisar o projeto com

qualquer outra pessoa cujo envolvimento é necessário. Podem ser gerentes, colegas, fornecedores, clientes e outros *stakeholders*. Você pode usar ideias deles para promover melhorias futuras.

11. **Uma vez pronta, é hora de tornar sua visão realidade e compartilhá-la com o mundo!** Faça uma parceria com alguns dos colegas mais criativos da empresa e peça sua ajuda para divulgar a visão e torná-la realidade. Lembre-se... você quer inspirar! Então use imagens, histórias e metáforas para ser entendida.

Ao envolver outras pessoas em sua visão compartilhada, você as está encorajando seu *ownership* e seu comprometimento com essa ideia. Eles se sentirão imbuídos da visão e será mais provável que se alinhem com ela.

Quanto mais pessoas acreditarem nela, maiores são as chances de você alcançá-la.

Como muitos líderes inspiradores, torne sua missão conseguir o maior número de pessoas – se esforçando por - uma visão compartilhada em que todos acreditam!

Se você já conhece bem sua equipe e trabalha bem em grupo, você facilmente irá reconhecer seus pontos fortes e valores. Você pode usar esse conhecimento para imbuí-los de sua visão desde o começo. Fazer isso no começo de um novo ano traz resultados incríveis, mas isso pode ser feito a qualquer momento em que você assumir uma nova equipe ou for promovida a um novo papel de liderança. A ideia é fazer isso acontecer. Alinhe-se com a visão compartilhada e trabalhe nessa direção o ano todo,

Em seguida, iremos focar em outro assunto importante ao liderar uma equipe: *saber quem eles são.*

16

Quanto Você Conhece Sua Equipe?

Pergunte a si mesma, *quanto você conhece sua equipe?* Um líder que conhece sua equipe consegue o melhor dela... ponto final! Mas *realmente* conhecê-la não é tão simples, porque não podemos simplesmente forçar as pessoas a se abrirem para nós. Nós temos que trabalhar isso com o tempo, mas existem algumas coisas que você pode fazer para acelerar o processo.

Esse capítulo foca em estratégias diferentes para conhecer melhor seus colaboradores. Nós iremos analisar como você pode ir de "bate-papos" para conversas muito mais profundas e relevantes. Nós também descobriremos como tornar as reuniões mais interessantes para o propósito de construção da equipe.

"A força da equipe é cada membro. A força de cada membro é a equipe."
~ Phil Jackson

Desenvolver uma equipe eficaz é seu papel como gerente, mas conhecê-la pode ser uma tarefa complexa. Descobrir seus pontos fortes aumenta a força da equipe como um todo, mas todos precisam participar. Vamos analisar como você pode fazer sua parte e começar isso hoje!

MAIS DO QUE BATE-PAPOS

Quando você gerencia uma nova equipe, você precisa entender cada integrante. Existem muitos motivos pelos quais isso não acontece instantaneamente, mas há algumas perguntas que você pode fazer para melhor entendimento. Se você quer conhecê-la, você pode perguntar:

- Quais são suas tarefas favoritas? *Essa informação é importante, você frequentemente irá perceber que enquanto alguns amam tarefas específicas, outras realmente as detestam. Delegue as tarefas de modo adequado e é mais provável que eles gostem de suas funções e se engajem mais.*
- Você pode me dizer quais são seus pontos fortes? *Ter interesse pelos subordinados e no que eles acreditam que são bons, os empolgará. Eles irão valorizar seu interesse neles e provavelmente estarão mais abertos.*
- Tem algo que os seus gestores anteriores fizeram que você gostaria que eu fizesse ou não? *Isso lhe dá credibilidade, porque você está mostrando que se envolve. Você irá receber ideias*

valiosas sobre suas preferências e sobre o que não gostam. Isso lhes mostrará que você pretende ser uma líder melhor.

- Quais são seus objetivos na carreira e como você está trabalhando para isso? *Descobrir os objetivos de carreira dos subordinados significa que você pode ajudá-los a se desenvolver. Afinal de contas, essa é uma das principais responsabilidades de um líder. Essa informação irá ajudá-la a desenvolver seu relacionamento e defender seus interesses, uma vez que você quer ajudá-los a alcançar seus sonhos. Isso gera mais motivação, pois você se interessa no avanço do aprendizado e da carreira deles.*

- Onde o gestor anterior os deixou com suas metas de carreira? *Perguntando isso, você está indicando que se envolve e quer ajudá-los a desenvolver suas carreiras.*

- Quando falamos de *feedback*, o que funciona melhor para você? Recebê-lo por e-mail, reuniões individuais, etc...? *Perguntar isso demonstra que você está interessada em seu bem-estar e em como eles se sentem. Você precisa que a pessoa esteja receptiva ao seu* feedback, *então se ele for compartilhado conforme a preferência dela, ela estará muito mais receptiva sobre o que você tem a dizer.*

- Quais são suas preferências em relações a reconhecimento e elogios? Como você prefere recebê-los? *Descubra de qual estilo os subordinados gostam e então você os deixará à vontade ao receber o reconhecimento. Basear-se em suas necessidades irá construir um vínculo mais forte.*

- Me diga, o que você faz fora do trabalho? *Existe vida fora do trabalho, então garanta que você está envolvida com a vida dos subordinados. Comece falando sobre seus* hobbies *e coisas que eles gostam de fazer antes de começar a perguntar sobre coisas mais pessoais como família e amigos.*
- O que realmente é importante para você? *Descobrir o que é importante para os subordinados vai ajudá- la a descobrir o que eles realmente valorizam na vida. Isso lhe dará ideia de como eles realmente são.*

Fazer perguntas como essas vão ajudá-la a construir uma forte identificação com cada um dos subordinados, mas você deve desenvolver a identificação da equipe também. Afinal, você precisa levar em conta o esforço em equipe. Então, vamos falar sobre meios de conduzir reuniões com um diferencial...

CONDUZINDO REUNIÕES COM UM DIFERENCIAL

Há formas de conhecer os subordinados E incentivar o trabalho em equipe. Isso é ótimo para você como líder, uma vez que você vai conhecer sua equipe e entender como ela pode trabalhar melhor junta. Líderes são conhecidos por sua inovação, então é importante que você vá além de reuniões e trago algo novo.

Um líder deve reconhecer que seus colaboradores são seu maior recurso e como ela pode contribuir para o negócio. Saber isso lhe permitirá harmonizar o trabalho em equipe. Isso pode ser feito da seguinte forma:

- **Gerenciando como uma mentora** - se você gerencia como uma mentora, você irá formar relacionamentos diferentes com sua equipe. Isso lhes mostrará que você está interessada em suas carreiras, se sentirão inspirados por você e, consequentemente, valorizarão sua opinião. Quanto mais você conhecer de cada pessoa em sua equipe, mais fácil será harmonizá-la.
- *Team Building* - esse é um jeito excelente de promover o trabalho em equipe. Você pode jogar vários jogos como conhecimentos gerais, jogos de tabuleiro virtuais, competições esportivas, jogos de lógica ou um simples baralho. Isso pode estar relacionado ao trabalho ou não, mas precisa ser interessante e divertido para ajudar a equipe a se conhecer.
- **Organizando *"Town Halls"*** - quando os líderes organizam sessões que comunicam os planos, novidades, visões, objetivos e estratégias da empresa. Permite que você

seja transparente sobre a empresa e o que espera para o futuro, assim como sua posição atual. Elas dão a seus subordinados a oportunidade de fazer perguntas, o que faz com que se sintam valorizados pela empresa.

- **Almoçando com os subordinados -** ouvi-los nessa situação poderá ajudá-la a criar um melhor relacionamento. Você pode trabalhar sobre o que eles têm em mente e estar longe do escritório cria uma situação mais próxima, relaxada. Sua equipe ganhará energia e você perceberá como seus subordinados se comunicam.

- **Sendo você -** seja a versão vulnerável, autêntica e real de você mesma com sua equipe. Isso ajudará a conquistar a confiança. Se você quer ser uma ótima líder, lidere como você mesma e evite ser o que não é.

- **Indo para eventos da empresa e reuniões -** sempre torne os eventos da empresa e reuniões uma prioridade, eles são ótimos para socializar com sua equipe e tomar parte nas atividades de *team building*. Comunicar-se socialmente mostra que você se envolve com o bem-estar de sua equipe.

- **Peça para os Integrantes de Sua Equipe se Apresentarem Novamente nas Reuniões -** apresentações formais são sempre boas, mas existem muitas coisas que você não sabe! Então, peça a cada membro da sua equipe para se apresentar em cada reunião e compartilhar uma curiosidade. Isso permite que cada integrante da equipe conheça seus colegas em um nível mais pessoal.

- **Trabalhando ao lado de sua equipe -** você irá conhecer melhor sua equipe se trabalhar ao lado dela. Você conseguirá ver como ela funciona, inclusive sob pressão, e como seus integrantes se comunicam. Lidere pelo exemplo, sendo a mais produtiva possível, mas também permitindo pequenas pausas, para renovar a energia e estimular o bate-papo. Você poderá fortalecer a identificação com sua equipe e avaliar como ela trabalha junto.

- **Permitindo o diálogo -** se você quiser uma comunicação sólida, você deve incentivar diálogos nos quais os subordinados possam se comunicar e você possa interagir. Os colaboradores terão a oportunidade de compartilhar qualquer preocupação, ideia ou sugestão. A comunicação é essencial para o sucesso na empresa e na vida!

Conhecer sua equipe garante liderar de uma forma mais inovadora. Melhora a comunicação, lhe dá uma direção à medida que você conhece mais sua equipe e garante que você reconheça no que eles são bons e como eles podem contribuir para a equipe e os objetivos do negócio. É sua oportunidade de assegurar que todos trabalhem juntos, rumo ao mesmo objetivo. É um passo importante a ser dado se você conseguir delegar com confiança e de forma adequada tarefas e responsabilidades aos subordinados, visando um bom desempenho e crescimento. Iremos nos aprofundar mais nisso no próximo capítulo.

17

Conheça os Pontos Fortes e as Oportunidades de Crescimento de Todos os Integrantes de Sua Equipe

Nos capítulos anteriores, nos concentramos em quanto você conhece sua equipe. Mencionamos seus pontos fortes e oportunidades de crescimento. Essa compreensão é fundamental, para que você como líder possa delegar responsabilidades e tarefas às pessoas certas.

Neste capítulo, iremos mergulhar mais profundamente nisso e focar em como você pode entender mais sobre os pontos fortes de seus subordinados, para benefício do negócio e de sua equipe. Você pode então desenvolver planos para combinarem com suas áreas de crescimento, que irão ajudar seus colaboradores a melhorar suas habilidades e construir experiências no caminho.

Primeiramente, vamos olhar para o porquê é importante para você entender os pontos fortes dos subordinados.

POR QUE EU PRECISO ENTENDER OS PONTOS FORTES DE MINHA EQUIPE?

Entender os pontos fortes dos subordinados vai ajudá-los a se sentir mais motivados e engajados no trabalho. Também é a forma mais sólida de você ajudar sua empresa a alcançar suas metas maiores ou de longo prazo.

Entender os diferenciais de cada um dos subordinados é uma prática em psicologia. Você poderá alinhar o talento deles com as correspondentes oportunidades de trabalho, empoderando-os. Mas para entendê-los, você realmente precisa saber o que eles fazem bem e no que precisam melhorar.

Vamos dar uma olhada em métodos-chave para entender os pontos fortes e oportunidades de crescimento de cada pessoa em sua equipe.

13 MODOS DE DESCOBRIR OS PONTOS FORTES DOS SUBORDINADOS

Antes de atribuir tarefas e responsabilidades para seus subordinados, você precisa descobrir no que eles são bons. Abaixo, 13 modos simples de fazer isso:

1. Faça perguntas importantes - perguntas dão a oportunidade de descobrir mais sobre seus colaboradores e você aprenderá como tirar proveito de seus pontos fortes. Seja inquisitiva perguntando coisas como *quais tarefas você está fazendo quando perde a noção do*

tempo? Ou, *quais são suas maiores qualidades?* Não tenha medo de discutir os pontos fortes também para alinhas as tarefas com os pontos fortes de cada um em sua equipe.

2. Descubra quais tarefas e responsabilidades os fazem se sentir revitalizados − é ótimo fazer tarefas em que somos bons. Mas fazer o que gostamos é motiva mais, então converse com sua equipe e descubra o que lhes dá energia. *Do que eles gostam? O que os empolga?* Se você levar isso em consideração, você verá taxas maiores de produtividade e progresso. Não despreze nada do que eles dizem, pois eles podem ter talentos únicos que ninguém conhecia!

3. Use testes de avaliação, eles vão ajudá-la a usar os pontos fortes dos subordinados − as equipes precisam saber como usar seus pontos fortes e talentos únicos. Usar testes para identificar os pontos fortes, ou testes online similares, poderá ajudá-la a definir quais são suas habilidades. Também pode aumentar a confiança e indicar o que cada um deles traz para a equipe!

4. Avalie e então fale sobre isso - sempre que você avaliar alguém, é importante que você fale com essa pessoa sobre isso. Vai aumentar o entendimento que você tem do subordinado e o autoconhecimento dele. Funciona bem quando você conclui um teste de personalidade ou de pontos

fortes, permitindo que os subordinados se aproximem de pessoas com resultados semelhantes, além de valorizar os pontos fortes das pessoas na equipe. Melhorará a compreensão geral de como eles e as pessoas trabalham, levando a mais eficácia.

5. Incentive o engajamento - algumas vezes, os subordinados ficarão inseguros sobre seus pontos fortes. Como líder, é seu trabalho ajudar a descobri- los. Se você os encorajar a engajar-se em atividades e tarefas, você conseguirá descobrir seus pontos fortes rapidamente.

6. Incentive todos os subordinados a reconhecerem os pontos fortes das pessoas - crie um ambiente no qual motivar outros membros da equipe é a regra. Faça com que eles falem sobre cada um de seus pontos fortes, para que eles possam identificar quem é a melhor pessoa para uma tarefa ou atividade em particular. Um fluxo de trabalho mais aberto e comunicativo será viabilizado.

7. Use o "StrengthsFinder" da Gallup - como líder, você pode utilizar o teste online do Gallup, chamado de "StrengthsFinder" para descobrir os pontos fortes de sua equipe. Ele vai ajudá-la a descobrir os 5 principais talentos dos subordinados. É um ótimo modo de começar! Você pode

dedicar um tempo discutindo isso para identificar valores ainda mais profundos.

8. Aplique a Regra do Três - já falamos sobre essa regra, mas o que queremos dizer aqui é que você pode usá-la quando estiver organizando suas perguntas. O que você espera no trabalho? Ou, quais partes do trabalho você quer fazer mais vezes? E quais são as qualidades de que você precisa para realizar sua tarefa favorita no trabalho?

9. Dê uma chance a eles - quando você estiver consciente de seus pontos fortes, possibilite que seus subordinados testem suas habilidades. Observe-os ou avalie-os enquanto concluem as tarefas que exigem essas habilidades. Você poderá avaliar não só em que nível estão seus pontos fortes são, mas também quais áreas precisam ser trabalhadas. Identificar oportunidades de melhoria é tão importante quanto os pontos fortes, é assim que desenvolvemos e fazemos com que os integrantes da equipe evoluam.

10. Crie uma cultura aberta - isso é importante para os negócios, uma vez que cada empresa precisa demonstrar seu valor através de seus líderes e subordinados. Elas podem avaliar seus pontos fortes e ajudar seus líderes a se desenvolver. Então os líderes irão ajudar a equipe e com isso, aumentar a satisfação no trabalho.

Possibilite que seus colaboradores venham a você para discutir livremente suas tarefas, pontos fortes e oportunidades de crescimento. Você poderá ajudá- los a desenvolver suas carreiras se você fomentar uma cultura aberta.

11. Aprenda com o passado - experiências passadas nos tornam quem somos hoje e é importante que você as utilize. Seja direto com os subordinados ao perguntar, por exemplo, *quais são seus pontos fortes?* Ou, *de quais projetos ou experiências você mais gostou?* Você pode então ir mais fundo. Leve em consideração os maiores aprendizados com base nas experiências deles e fale sobre o que poderiam ter feito diferente. Às vezes, ao simplesmente falar sobre o assunto, pode-se obter uma ideia do que fazer quando uma situação parecida surgir.

12. Organize um dia para os subordinados contarem suas histórias – as pessoas gostam de ouvir sobre situações da vida real. Assim, se reunir e discutir "Um dia na vida de…" é uma ótima ideia. Você também pode ampliar essa atividade pedindo que eles contem a história do que os tornou quem são hoje. Será uma oportunidade para eles incluírem eventos importantes, marcos e barreiras que eles enfrentaram e suas conquistas. Eles poderão somar tudo que aprenderam em sua jornada até agora! Será

uma experiência inspiradora para todos e também a ajudará a conhecer os subordinados de uma forma mais pessoal - e divertida.

13. Use o método STAR para entender os pontos fortes de sua equipe - você pode pedir para seus colaboradores usarem o método STAR para demonstrar seus pontos fortes:

- **Situação -** descreva a situação e contexto
- **Tarefa -** descreva a tarefa que eles completaram
- **Ações -** descreva as ações tomadas para completar a tarefa
- **Resultado -** reflita sobre o resultado final e qual o grau de sucesso. Pense quais pontos fortes foram utilizados.

Quanto mais você souber sobre cada um dos subordinados e seus pontos fortes, mais fácil será para você - como líder - delegar tarefas e responsabilidades de forma eficiente. No próximo capítulo, vamos falar sobre definir papéis e responsabilidades em sua equipe.

18

Defina Papéis e Responsabilidades

Como líder, é importante que você estabeleça papéis e responsabilidades em sua equipe. Se para todo mundo estiverem claros seus papéis e o que deverá ser feito, tudo irá fluir. O trabalho será feito.

Se papéis e responsabilidades estiverem incertos, sua equipe poderá não ser produtiva. Todo mundo precisa de clareza - todos precisam saber o que priorizar e quando. Se uma pessoa tem o mesmo cargo que a outra, então as tarefas que elas executam podem ser parecidas. Porém, um líder pode designar futuras responsabilidades com base nos pontos fortes daquele colaborador em particular ou dividir as tarefas por competências.

Neste capítulo, nos concentraremos no que os líderes podem fazer para definir papéis e responsabilidades em suas organizações. Nós olharemos por que é tão importante ser claro sobre quem faz o quê, como corrigir as coisas que não estão claras e como responsabilidades rigidamente definidas podem reduzir a motivação.

Primeiro, vamos analisar se sua equipe está sofrendo com a falta de papéis e responsabilidades claros...

SUA EQUIPE SOFRE POR TER PAPÉIS E RESPONSABILIDADES INCERTOS?

Se sim, sua equipe deve sofrer com as consequências. Faça a si mesma as seguintes perguntas:

1. Você tem a impressão de que sua equipe está trabalhando bastante, mas ainda não está alcançando as metas? *Seus colaboradores podem não estar fazendo o tipo certo de trabalho, por isso, estão desperdiçando seu tempo. É importante se manter focada em seu objetivo final. Toda tarefa que você faz deve ser estrategicamente conectada em alcançá-lo de alguma forma.*

2. Seus colaboradores estão duplicando o trabalho? *Isso é algo importante a se considerar, pois frequentemente repetimos trabalhos que já foram feitos. Então, tenha um sistema para controlar! Por exemplo, se você quer saber algo relacionado às despesas, em vez de lançar tudo manualmente, pode ser que já exista um relatório feito pelo departamento financeiro. Pode ser simples, apenas uma ligação para descobrir a informação de que você precisa. Além disso, se você tem duas pessoas na mesma função, sempre*

verifique quem está fazendo o que para prevenir duplicações.

3. Seus colaboradores estão confusos a respeito do que devem fazer? *Se eles estão confusos sobre as tarefas que eles estão executando - e não têm clareza do que estão buscando - pode ser difícil para eles realizar as tarefas efetivamente.*

A IMPORTÂNCIA DE PAPÉIS E RESPONSABILI-DADES CLARAS

É importante assegurar que sua equipe tem papéis e responsabilidades claras. Se ela não tem, isso pode acarretar muitos problemas para o negócio como:

- Os colaboradores podem não entender como se encaixam na equipe, o que pode gerar sensação de distanciamento. Eles não sentirão um vínculo e a comunicação sofrerá com isso.
- Eles podem estar perdendo tempo, porque não têm certeza do que fazer e como fazer. As tarefas não serão executadas por conta disso e a equipe pode não conseguir cumprir os prazos.
- Os subordinados estão inseguros se estão fazendo um bom trabalho. O perigo disso é que eles não irão aprender sobre o que funciona e o que não funciona. Se os papéis e responsabilidades estão claros, a equipe conseguirá medir o progresso e a

performance conforme os parâmetros que eles buscam seguir.

- Os subordinados podem estar em dissonância, o que os deixará frustrados. Isso pode resultar em conflito dentro da equipe. Com papéis e responsabilidades claras, cada colaborador saberá o que tem que fazer, mas sem isso, eles podem encontrar conflitos nas tarefas ou trabalhos duplicados.

COMO RESPONSABILIDADES RÍGIDAS REDUZEM A MOTIVAÇÃO

Apesar de ser importante que papéis e responsabilidades sejam comunicados claramente, às vezes um líder pode ir longe demais. Flexibilidade é essencial aqui...um líder nunca deve ser rígido demais a ponto de impactar na motivação da equipe.

Se você definir os papéis e responsabilidades de sua equipe em detalhes demais, você pode estar correndo o perigo de criar problemas futuros. Os subordinados podem não querer executar outras tarefas se não estiverem precisamente dentro dos papéis e responsabilidades que foram desenhados. Um dos meios de maior impacto na motivação da equipe é lhe dar autonomia. Assim, garanta não limitar demais sua equipe. Isso só coloca obstáculos no caminho deles.

Um líder inovador e eficaz sempre vai permitir que sua equipe tenha alguma liberdade para controlar a forma como trabalha, sem precisar seguir regras e instruções rígidas constantemente. Trabalhar assim é chato. Se sua equipe está entediada, ela não está motivada. É por isso que a flexibilidade e o pensamento criativo devem ser incentivados. Isso definitivamente manterá sua equipe motivada!

COMO REMEDIAR A SITUAÇÃO QUANDO OS SUBORDINADOS NÃO TÊM CLAREZA SOBRE SEUS PAPÉIS E RESPONSABILIDADES

Se os subordinados não têm clareza sobre seus papéis e responsabilidades, é seu papel como líder resolver isso. Aqui estão algumas formas de fazer isso:

- Defina os papéis em sua equipe e pense em quem será responsável pelo quê. Então considere qualquer indefinição de responsabilidade e procure pelas tarefas que às vezes são duplicadas. É seu papel perceber essas lacunas.
- Preencha essas lacunas. Uma vez que você definiu os papéis, revise as lacunas e distribua os papéis para membros específicos da equipe. Você deve sempre refletir sobre os pontos fortes de cada um dos subordinados ao designar tarefas e considerar quem irá realizá-las melhor. Você pode até discutir isso em uma reunião de equipe e, juntos, decidirem quem tomará as rédeas.

Esclareça os papéis da equipe criando um RACI:

- **Responsável:** quem fará o trabalho?
  Aprovador: será de responsabilidade de
  quem o trabalho, ou quem irá aprová-lo?
  Provavelmente será você.
- **Consultado:** quem será consultado sobre
  a tarefa, para que eles possam receber
  ideias? Essa pessoa pode ser de dentro ou
  de fora da equipe.
- **Informado:** quem deveria ser informado
  sobre o resultado do trabalho (mas não ter
  participação em como ele é feito)?

Você pode até criar uma lista de pessoas em sua equipe e atribuir papéis para cada tarefa em específico. Deve haver apenas uma pessoa listada como Aprovador. Vai ajudar você e sua equipe a realmente definir quem é responsável pelo quê.

- Defina os papéis no seu trabalho recebendo
  feedbacks. Nós já falamos sobre comunicação
  aberta e sobre pedir *feedback* à sua equipe a
  respeito de quem é responsável pelo quê, e
  se tudo ficou claro ou não. Você pode lhes
  pedir para recapitular o que eles precisam
  fazer ou fazer perguntas para avaliar seu
  entendimento e o deles. O desempenho
  melhorará e poderá também resultar em
  mais satisfação no trabalho.

- Esclareça papéis e responsabilidades pouco claras. Em última análise, é seu papel acompanhar o trabalho de sua equipe e evitar que algo fique sem supervisão. Você pode usar uma planilha simples para controlar o trabalho de sua equipe e monitorar seu andamento. Todos na equipe começarão a entender que trabalho os outros estão fazendo, especialmente quando você estiver trabalhando em um ambiente aberto e comunicativo.

- Comunique os papéis e responsabilidades da equipe para que sejam esclarecidos. Não só é importante que sua equipe entenda seus papéis e responsabilidades, mas que também os *stakeholders* tenham esse entendimento... inclusive seu gestor. Se você não fizer isso, você corre o risco de pedirem tarefas a sua equipe que não foram alinhadas. Isso pode causar problemas futuros para você e para a equipe, uma vez que você terá dificuldade de alcançar suas metas e objetivos.

Como líder, você tem a responsabilidade de atribuir papéis e responsabilidades para sua equipe para alcançar seus objetivos e consequentemente contribuir para o alcance das metas da empresa. Tudo tem um propósito. É importante deixar isso muito claro para os subordinados. Eles precisam saber para onde estão indo, como estão contribuindo e o que precisam fazer para alcançar o objetivo final. Isso irá garantir que sua equipe seja produtiva, alinhado com o negócio e que tenha um propósito.

Para ter um propósito ou significado, você precisa garantir que as metas que você está tentando alcançar estejam claras. Por isso, no próximo capítulo, focaremos em sincronizar todas as metas!

19

Sincronize Todos os Objetivos

Nossos objetivos pessoais e de equipe nos dão um propósito, mas apenas se eles estão em busca de algo maior - um objetivo final para o negócio. Suas metas são sua contribuição para a visão ou a estratégia da organização, e é por isso que é importante que você entenda como suas metas em equipe - e as metas que você atribuiu para cada subordinado - apoiam essa visão.

Imagine a visão e os objetivos da organização lá no topo. Eles são apoiados por grupos de pessoas - equipes. As equipes têm seus próprios objetivos, mas eles são apoiados por cada indivíduo e suas metas individuais. Os objetivos estão sincronizados quando todos estão trabalhando na mesma direção. O trabalho executado pela equipe estará harmonizado. Se por um lado sua equipe está ajudando a estratégia geral do negócio, *como nós sincronizamos nossos objetivos de modo eficaz?*

Neste capítulo, não iremos apenas discutir a importância de alinhar os objetivos da organização, mas também analisaremos como você pode alinhá-los com sua equipe.

"Se todos estão se caminhando para a frente juntos, então o sucesso está garantido."

~ Henry Ford

Se os objetivos estão sincronizados, todos podem caminhar para a frente juntos, para melhorar a si mesmos, nossas equipes e nossa empresa!

ALINHAMENTO DENTRO DA ORGANIZAÇÃO

Alinhamento dentro da empresa é o maior diferencial entre uma empresa com alta ou baixa performance. Uma pesquisa da LSA Global descobriu que as empresas crescem 58% mais rápido se estão altamente alinhadas e são 72% mais lucrativas. Elas superam a performance de suas concorrentes não alinhadas em termos de satisfação do cliente, retenção do cliente, liderança e engajamento dos colaboradores. Isso contribui para que o negócio tenha mais sucesso no todo.

Para realmente alinhar os objetivos individuais, da equipe e do negócio, todos devem estar sincronizados. Tudo contribui para o objetivo final, que é o grande propósito de tudo! Os maiores benefícios alinhar as metas por toda a empresa são:

- Estratégias organizacionais são concebidas a partir de objetivos. Eles dão o tom certo
- Colaboradores reconhecem como contribuem para os objetivos da equipe e da empresa
- As prioridades da equipe e do negócio estão definidas
- Colaboradores e equipes estão conectados através de metas alinhadas

Claramente, há muitos benefícios em alinhar objetivos. Agora falaremos sobre como uma empresa consegue garantir que isso aconteça. Exige uma abordagem do colaborador como um todo, o que começa bem no topo!

COMO PODEMOS ALINHAR OS OBJETIVOS POR TODA A ORGANIZAÇÃO?

Definir objetivos é muito importante em qualquer empresa, mas para ter certeza de que existe um alinhamento em toda a organização, os objetivos devem estar alinhados uns com os outros. Para garantir que todos os objetivos estão alinhados por toda a organização você deve:

- Definir metas organizacionais claras. Para que o alinhamento aconteça, todos devem embarcar nessa porque o alinhamento começa no topo. A visão e as estratégias da empresa precisam ser criadas para que então cada equipe possa se alinhar. Você então precisa ter certeza de que você e sua equipe estão de fato cientes em relação a seus objetivos. É muito mais fácil entender objetivos e visões que sejam claros e tenham um propósito.

- Faça com que outros líderes e a diretoria abracem suas metas. A liderança da empresa precisa estar envolvida nesse momento, então é importante que a gerência sênior e a média gerência se reúnam para discutir a visão, as estratégias, o *benchmark* e os objetivos que foram identificados pela empresa. Os líderes e gerentes podem dar *feedback* em relação a isso. Para que o alinhamento aconteça, é importante que a empresa ouça todas as perguntas e *feedbacks*. O alinhamento será fortalecido uma vez que todos estarão trabalhando juntos.

- Comunique os objetivos para todos, em todos os níveis. Metas devem ser comunicadas em todos os níveis para que todos possam se responsabilizar e então se sentirem mais inclinados a alcançá-las.

Menos da metade dos colaboradores de uma organização sabe quais são os objetivos da sua empresa. Discutir os objetivos regularmente - com todos na organização - os conecta à sua iniciativa e isso ajuda a reforçá-los.

- Ajude outros colaboradores a alcançar seus objetivos. Como líder, você também precisa estar presente para apoiar o atingimento das metas por sua equipe. Na maioria dos casos, você não vai apenas atribuí-las para seus subordinados, mas também irá incentivá-los a agir como "dono" de suas metas para atingir o sucesso. É importante entender os papéis que cada integrante tem dentro de sua equipe, assim como as metas da empresa. Você deve oferecer treinamento e desenvolvimento para ajudar os colaboradores a atingirem o sucesso, assim como participar de reuniões em grupo e individuais para que a equipe discuta qualquer problema em potencial ou falta de alinhamento. Se um colaborador tem apoio, é mais provável que ele se mantenha alinhado com as estratégias e alcance suas metas ou mesmo as supere.

Alinhamento é essencial para o sucesso da empresa. Então, interaja com a liderança da empresa e ajude os subordinados a entenderem o que se espera deles e como seu trabalho se encaixa no panorama geral. Objetivos alinhados criam uma atmosfera na qual todos trabalham juntos porque todos entendem sua função. É sua responsabilidade e do negócio colocar sua empresa na frente ao garantir que tudo esteja alinhado.

20

A Líder como Coach

Você irá perceber que no seu papel de líder você tem muitas funções. Às vezes você precisa ser amiga, confidente, conselheira, solucionadora de problemas, mentora e gestora. E você fará tudo isso enquanto ainda conserva o seu papel como uma líder profissional, eficaz e respeitada. O mundo do treinamento e do *coaching* é uma indústria em crescimento agora, e muitos líderes inovadores estão descobrindo que precisam virar coach. Isso pode ser positivo porque atuar como *coach* e liderar andam de mãos dadas. Isso não só desenvolve suas habilidades como líder, mas também move sua equipe para abraçar seu próprio desenvolvimento.

Este capítulo vai orientá-la sobre a utilização de suas habilidades de liderança e como desenvolvê-las para se tornar uma *coach* influente em sua organização. Vamos nos debruçar agora sobre o papel do gerente estar orientado ao *coach* e nos aprofundaremos em diferentes estilos de *coaching* e analisaremos o *coaching* na organização para assegurar que ele é o caminho certo para você, sua equipe e sua organização.

Se você realmente quer se destacar e ter sucesso como líder, este capítulo é para você!

O GERENTE ORIENTADO AO *COACH*

Não há dúvida de que o papel de um gestor está mudando, mas *você sabia que ele está mais orientado ao coach?* Você pode estar se perguntando o que isso significa. É bem simples de explicar...

Um gestor eficaz que usa uma abordagem baseada em *coach*:

- Não dá a resposta para os problemas mas, ao invés disso, faz perguntas para que você possa descobrir suas próprias respostas e siga seu próprio caminho
- Se abstém de julgamentos, mas oferece apoio se necessário
- Não ordena treinamento e desenvolvimento, mas os facilita baseando-se em suas necessidades

Alguém que treina outras pessoas é um capacitador. Eles capacitam as pessoas para que sigam seus próprios sonhos e lhes dão apoio para chegar aonde precisam estar. O pensamento criativo é incentivado e o colaborador é motivado a se responsabilizar por suas próprias ações e desenvolvimento.

ESTILOS DE *COACHING*

Quando você oferece *coaching* a seus subordinados, você pode usar diferentes estilos para oferecer o apoio necessário. Vamos nos aprofundar em quatro estilos neste capítulo: diretivo, "deixe que faça", não diretivo e situacional.

1. ***Coaching* Diretivo -** usa uma abordagem "mostra e fala", onde o *coach* mostra, explica e demonstra o que precisa ser feito e como. Deve ser empregado quando um novo colaborador entrar na equipe. Entretanto, não deve ser usado em demasia, porque desempodera a jornada de aprendizado do colaborador.

2. ***Coaching laissez-faire* –** você deixa para seus colaboradores encontrarem a abordagem adequada para eles e gerenciarem seu próprio trabalho, uma vez que já são produtivos. O *coaching* não é necessário, então você pode dar um passo para trás e permitir que eles continuem com o trabalho. *Um bom coach é capaz de reconhecer quando NÃO precisa dar coaching e quando PRECISA.*

3. ***Coaching* Não Diretivo:** para este método, você precisa guardar para si seu julgamento e simplesmente ouvir e fazer perguntas aos subordinados. Você irá extrair *insights*, criatividade e sabedoria dos

seus colaboradores, e ajudá-los a lidar com seus desafios e superá-los. Isso irá transmitir à pessoa energia e confiança uma vez que encontraram a solução sozinhos. Nem sempre é fácil para o gestor dar um passo para trás e garantir que não está dando as respostas, mas está permitindo que sua equipe o faça. Isso pode ser muito poderoso quando usado do jeito certo.

4. ***Coaching* Situacional:** uma abordagem equilibrada em *coaching*. Ela se relaciona com o *coaching* diretivo e não diretivo. Você escolherá qual método usar baseando-se em uma situação específica, no desafio a ser enfrentado e nas necessidades do colaborador. Se existir a necessidade de dizer à sua equipe o que fazer, você usa o treinamento diretivo, mas se é algo que você sabe que ela consegue lidar, usa os métodos não diretivos. Explorar os dois métodos traz muita segurança e é útil para sua equipe porque a ajuda a se desenvolver no seu ritmo.

O diagrama abaixo pode ajudá-la a entender os diferentes métodos e os detalhes à esquerda indicam qual informação você precisa acrescentar como *coach*. A informação no final detalha a energia que seu colaborador irá sentir como resultado de cada método em particular. Às vezes, se trata de apenas encontrar o equilíbrio certo.

Estilos de *Coaching*

Mais informação acrescentada	1. Diretivo	4. Situacional
Menos informação acrescentada	2. *Laissez-Faire*	3. Não diretivo
	Menos energia liberada	Mais energia liberada

COMO EU POSSO GARANTIR QUE O *COACHING* É O CERTO PARA MIM E MINHA EMPRESA?

Não basta ensinar líderes e gestores a serem melhores *coaches*. Para que o *coaching* realmente faça alguma diferença, ele precisa ser adotado em uma capacidade que se encaixe dentro da cultura da sua empresa. Algumas vezes, mudanças precisam ser feitas para provocar uma transformação cultural. Para isso você pode:

- Explicar o "porquê" - quando você trabalha em um ambiente movimentado, gerentes e profissionais podem ver o *coaching* como uma moda, correndo o risco de não o levar a sério. Por isso você precisa deixar claro o quanto ele é valioso para a empresa, para seus líderes e gestores, e colaboradores. O *coaching* maximiza as habilidades da força de trabalho, motiva a equipe, a ajuda a resolver problemas e a encoraja a estar no comando de seu próprio desenvolvimento. É uma ótima forma de ganhar novas ideias e melhorar a forma com que lidamos com os clientes! Deixe que todos saibam como isso se alinha com o negócio para que eles embarquem na ideia.

- Ponha em prática! - se você quiser que as pessoas adotem o *coaching*, você precisa modelá-lo. Modelar é uma técnica comum de ensino. As pessoas veem você fazer algo, notam seu sucesso e então querem fazer também! Se sua equipe se tornar a equipe com melhor performance - e você pode associar isso a seu *coaching* - outras equipes irão seguir seu exemplo e a alta gerência também estará com vocês. Modele os benefícios de adotar uma cultura de *coaching* dentro de uma organização que pensa para frente.

- Quebre as barreiras - algumas vezes, existem barreiras organizacionais para criar uma cultura de *coaching* entre os líderes e gerentes. Frequentemente, líderes e colaboradores se mostram resistentes em testar algo novo por medo de que não irá funcionar e o tempo será perdido. Seria necessário transformar a cultura para uma cultura de aprendizado, na qual os gestores fazem perguntas sobre *coaching*... por exemplo, o que está funcionando? O que não está funcionando? Como podemos dar apoio? O que você está tentando fazer, e qual você acha ser a melhor opção? Novamente, nem sempre é fácil convencer a alta gerência, então modele dentro de sua equipe primeiro e forneça o *feedback* para líderes e gerentes sobre seu sucesso e progresso.

Reinventar líderes e gerentes como *coaches* pode exigir criatividade, energia e aprendizado enquanto você capacita toda a equipe para ser responsável por seu trabalho e desenvolvimento (até um certo ponto). Negócios que querem prosperar no futuro devem adotar novas formas de trabalho e se tornarem adaptáveis a mudanças. Lembre-se, você é uma figura poderosa e influenciadora que com toda certeza pode levar isso adiante.

Para finalizar esta seção, discutiremos a importância de conquistar a confiança dentro de sua equipe. Tudo o que você aprendeu até agora conduz para isso, porque se não há confiança - não há equipe!

21

Sem Confiança - Sem Equipe

Sem confiança não há equipe. Para que o trabalho em equipe seja efetivo, vocês todos precisam trabalhar juntos para conquistar metas, e vocês só podem fazer isso se confiam uns nas pessoas!

"Excelentes equipes confiam plenamente em seu sucesso. Se vocês não confiam uns nos, outros, você jogará para empatar. A confiança torna possível mirar mais alto. Saltar mais alto e saber que alguém vai estar lá se você cair."
~ Adam Grant

Este capítulo aborda as dimensões da confiança e como desenvolvê-la entre os subordinados. Nós também nos aprofundaremos nas três dimensões da confiança e como você pode desenvolvê-la. Mesmo não sendo a mais fácil das tarefas, vale a pena. Então, antes de continuarmos, vamos entender por que a confiança é tão importante para sua equipe...

POR QUE A CONFIANÇA É TÃO IMPORTANTE PARA MINHA EQUIPE?

É provável que, em sua função, já tenha acontecido de um dos subordinados não ter o desempenho que você esperava. Talvez você queira delegar uma tarefa a essa pessoa, mas se sente hesitante por causa da sua experiência anterior. O colaborador pode até ser trabalhador e agradável, mas você não tem certeza se ele consegue assumir um projeto importante. Se você se sentir hesitante em delegar, é porque você não tem fé nele…

Você tem a confiança de que essa pessoa irá executar o trabalho?

A principal razão para não delegar é a falta de confiança. Seja com um colaborador ou toda a equipe, a confiança é essencial para que você consiga liderar com eficácia. Você deve desenvolver a confiança neles… e mantê-la! As coisas podem ficar desnecessariamente complicadas e difíceis se você não confiar neles ou eles em você.

Este é o ponto: é importante para sua equipe funcionar da forma mais eficiente. A confiança propicia decisões mais rápidas e um trabalho em equipe inovador que garante que as metas serão alcançadas e as expectativas podem ser superadas.

AS TRÊS DIMENSÕES DA CONFIANÇA

A confiança gira em torno de três áreas importantes. Se nos falta confiança na *capacidade* de alguém, podemos pensar que ela não tem as habilidades específicas para cumprir as tarefas. Se nos falta confiança no *caráter* da pessoa, simplesmente não confiamos que ela irá completar as tarefas destinadas (e isso pode ser muito problemático). Se nos falta confiança em nossa *comunicação*, nós podemos ter dificuldade quanto ao trabalho em equipe porque não nos sentimos à vontade comunicando nossas preocupações ou fazendo perguntas quando nos sentimos inseguros.

Mas e se você, como líder, desenvolver a confiança nessas três áreas? Vamos observar os benefícios:

- **Confie nas capacidades** – os subordinados farão a diferença contribuindo com seu conhecimento. Tirar proveito das habilidades de sua equipe significa que os membros da equipe começam a explorar mais o conhecimento um do outro, ao se engajarem mais, ao se envolverem na tomada de decisões e ao ensinarem uns aos outros novas habilidades. A confiança é desenvolvida, pois mostra que os colaboradores estão dispostos a dar apoio uns aos outros, valorizando suas opiniões. Isso pode encorajar as empresas e a equipe a se tornarem competitivos.
- **Confie no caráter** - representa cada indivíduo e é o ponto de partida dos relacionamentos dos integrantes da equipe, que mutuamente se apoiam uma vez que

miram o mesmo objetivo. Intenções são definidas aqui, junto com a direção do trabalho em equipe e o tom. Cada subordinado pode desenvolver a confiança na equipe quando eles fazem o que prometeram. Agindo assim, demonstram que são confiáveis.

- **Confie na comunicação -** nós precisamos da comunicação se vamos colaborar com as pessoas, pois isso frequentemente fortalece nossa capacidade de trabalhar efetivamente com elas. Quanto mais colaboradores trabalharem juntos e se comunicarem, mais provável será que eles alcancem suas metas e sejam bem-sucedidos. A comunicação ajuda a construir laços, o que significa que a equipe irá se ajudar e conseguirá resolver problemas juntos. Isso também nos faz sentir mais confortáveis quando erramos porque sentimos que estamos em um ambiente seguro, o que fortalece a segurança psicológica. Confiança é tudo. É a cola que une todas as equipes.

Quando a confiança é alcançada através dessas três dimensões, é mais fácil ter conversas honestas com nossa equipe. Uma vez que a equipe desenvolve laços fortes, todos se sentem capazes de terem conversas produtivas sobre performance. Como líder, você pode direcionar essas questões e resolver problemas de forma rápida, e ainda oferecer apoio à equipe porque a confiança que você desenvolveu demonstra o quanto você se envolve com eles. Desse modo, a equipe sabe que você está cuidando de seus interesses. *Mas... como você pode desenvolver a confiança dentro de sua equipe?* Nós analisaremos isso a seguir...

COMO DESENVOLVER A CONFIANÇA NO AMBIENTE DE TRABALHO

Você pode usar 9 estratégias se quiser fomentar um ambiente de trabalho confiável. São elas:

1. Tenha certeza de que você ouve mais do que fala - seus colaboradores são pessoas. Pessoas querem expressar suas ideias e opiniões únicas. Ouça o que elas têm a dizer e encoraje-as a falar com você. Serão criados relacionamentos positivos entre os membros da equipe e a segurança mútua será desenvolvida.
2. Tenha certeza de que você vai agir com base no *feedback* que receber - se um líder não pode estar em todos os lugares o tempo todo, é importante que eles aceitem *feedbacks* valiosos e respondam de acordo. Se você quiser desenvolver a confiança, você deve incentivar os colaboradores a dividir suas opiniões. Para que isso funcione, você

precisa reconhecê-las e agir com base nelas. Muitos colaboradores param de dar *feedbacks* porque sentem que serão ignorados e, portanto, é uma perda de tempo. Seja diferente! Desenvolva a confiança com seus colaboradores.

3. Saiba valorizar - sentir-se valorizado é essencial como motivação no trabalho. Apesar de que, sim, somos pagos para trabalhar, se sentir valorizado de verdade faz diferença em como um colaborador executa uma tarefa. Já falamos sobre elogios neste livro, mas tenha certeza de que você tem um senso de comunidade apenas dizendo "obrigada". 9 de 10 colaboradores dizem que sentem um nível mais alto confiança de seus gestores quando eles foram reconhecidos ou receberam agradecimento por seu trabalho. Isso confirma que eles estão fazendo um bom trabalho e faz com que se sintam bem.

4. Confiar em sua equipe a empodera - em muitas ocasiões, o líder tem que liderar pelo exemplo. Se você der o primeiro passo, confiando em seus colaboradores, eles provavelmente retribuirão. Você pode fazer isso incentivando seu desenvolvimento profissional, dando-lhes oportunidades ou responsabilidades, ou permitindo que eles participem de uma reunião das quais

geralmente não participam. Isso ajuda no desenvolvimento. Ninguém gosta de ser microgerenciado, pois diminui a motivação e sugere aos seus colaboradores que você não confia em sua capacidade de executar suas tarefas com sucesso. A confiança não pode ser desenvolvida nessa base, pois sugere que ela não existe.

5. Dê *coaching* e incentive sua equipe - já discutimos sobre as responsabilidades de *coaching* do líder no capítulo anterior, então lembre-se, você tem um papel vital no desenvolvimento da sua equipe e na construção da confiança na sua empresa. Uma liderança autêntica, sem dúvida, cultiva a confiança, então, em vez de agir como uma "chefe mandona" e castigar sua equipe quando eles não tiverem uma boa performance, dê *coaching* a ela. Dê conselhos, faça as perguntas certas que para que encontre a solução e, se necessário, forneça orientação.

6. Seja consistente - quando você é líder, você precisa acompanhar suas palavras com ações. Seja presente todos os dias e pratique o que prega. Deixe claro suas expectativas e siga os padrões que você estipulou. Ser consistente mostra que você é confiável, e isso motiva a equipe a trabalhar em mais alto nível. Isso também aumenta a confiança na liderança!

7. Reconheça a importância dos *soft skills* e da comunicação não verbal - eles são igualmente poderosos e dizem muito sobre uma pessoa. Apesar de a comunicação verbal ser importante, você pode demonstrar seus sentimentos, seu nível de engajamento e seu interesse assentindo com a cabeça, mudando seu tom de voz, gesticulando e mantendo contato visual. A linguagem corporal positiva mostra nosso lado humano, mostra que somos genuínos e nos sentimos calorosos, animados ou empáticos sobre a situação. Falar com o coração revela quem você realmente é e você nunca deve fingir ser o que não é.

8. Você deve ter uma cultura inclusiva - falamos muito sobre inclusão neste livro e você deve se lembrar de que uma cultura disfuncional irá privar a organização de alcançar suas metas. A inclusão garante que todos os colaboradores se sintam valorizados e aceitos. Quando existirem oportunidades de promoção, salários iguais, e benefícios para todos, toda a equipe se sentirá valorizada e será mais feliz no trabalho. Uma organização diversa reúne um grupo variado de pessoas e habilidades, todas com experiências diferentes, enriquecendo a cultura. A inclusão ajuda a desenvolver a confiança ao promover aceitação.

9. Sinceridade é a melhor política - a verdade é vitalmente importante, ainda que às vezes possa ser difícil. Todos nós gostamos de ajudar e servir às pessoas. Sermos honestos desenvolve a confiança e o respeito. Você nunca deve fazer promessas para os subordinados que não conseguirá cumprir e uma vez que você se importa com seus sentimentos, você deve a eles agir de modo profissional. É uma boa ideia manter sua equipe atualizada sobre tudo o que acontece no negócio, o que significa ser o mais transparente possível. Se grandes mudanças estão acontecendo e você não informou sua equipe - mas aparentemente você sabia antes deles - você pode perder sua confiança. Quando a confiança é perdida, é difícil de ser recuperada.

É importante começar a desenvolver a confiança junto aos subordinados hoje. Como líder, cabe a você agir... agora! O alicerce de uma equipe eficaz depende da confiança, fator determinante para o desempenho de sua equipe. Como uma nova líder, é importante que você desenvolva a confiança rápida e eficientemente, para que você possa começar a moldar sua equipe de alta performance.

Lembre-se sempre, você é uma líder porque merece ser. Você já tem habilidades maravilhosas, e agora é sua vez de ajudar sua equipe a ter sucesso. Tudo começa com a confiança...

Chegamos ao fim da seção III. Siga agora para a seção IV. Lá você encontrará ferramentas adicionais de que você precisa para dominar suas habilidades de liderança.

É sua hora de começar!

Seção IV - Ferramentas Adicionais De Que Você Ira Precisar

Ainda que você tenha toda as informações de que necessita para ter sucesso como líder, é importante que você também se sinta completamente preparada para lidar com qualquer situação que surja. Você está aqui agora porque é a próxima superlíder de sucesso e você vai dominar o mundo usando seu novo e carismático estilo de liderança! Um estilo que não só alcança resultados, mas pavimenta a estrada para a próxima geração de líderes! Você é o início de uma revolução na liderança!

Nesta seção, você receberá as ferramentas de que precisa para descobrir seu estilo de liderança e você estará preparada com perguntas poderosas de *coaching* que você pode usar hoje. Você também trabalhará com *templates* e planos que a farão ter certeza de estar pronta para definir expectativas, criar planos de desenvolvimento, aumentar o desempenho e corrigir velhos comportamentos.

" A qualidade do líder se reflete nos padrões que ele mesmo se impõe. "
~ Ray Kroc

Como líder, é sua vez de definir seus padrões para você e para as pessoas!

22

Identificando Seu Estilo de Liderança

São 10 os estilos comuns de liderança. Neste capítulo, vamos olhá-los de perto. *Que tipo de líder é você?*

Estilo *Coach*

Você pode ser uma líder *coach* se você valoriza o aprendizado voltado ao crescimento, dá apoio a seus colaboradores e orientaria em vez de fazer exigências. Você também é autoconsciente, gosta de usar perguntas como guia e sempre equilibra fornecer informações com ajudar as pessoas a encontrarem suas próprias respostas.

Os benefícios de ser uma líder *coach* é que eles promovem a liberdade de pensamento, o desenvolvimento da carreira e empoderam sua equipe. Portanto, você é vista como uma líder inspiradora e valiosa dentro da organização. Se você é uma líder *coach*, você descobrirá que isso pode consumir seu tempo, porque você precisa usá-lo bastante com seus colaboradores individualmente. Incorporar esse estilo por 30% do tempo lhe permitirá equilibrar suas tarefas.

Estilo Visionário

Um líder visionário é inspirador, inovador e otimista. Trabalha de forma estratégica e ainda assim sua confiança lhes permite correr riscos. Tem uma personalidade magnética e frequentemente são descritos como persistentes e ousados.

Líderes visionários muitas vezes ficam tão focados no aspecto geral que perdem oportunidades e detalhes importantes, o que significa que os subordinados às vezes não se sentem ouvidos. Isso é algo que você pode corrigir. Os benefícios de ser uma líder visionária é que você ajudará a unir as equipes, a aperfeiçoar práticas ultrapassadas e a ajudar a empresa a crescer.

Estilo Servidor

Esse estilo de liderança é muito baseado nas pessoas. O líder é primeiramente focado no que a equipe quer, pessoal e profissionalmente. Isso garante que ela produza trabalhos admiráveis, tenha um desempenho eficaz e seja mais produtiva. Se você é respeitada por sua equipe, [e capaz de se comunicar bem com ela e motivá-la... bem, você pode ser uma líder servidora. Se você for, você realmente se envolve com seus colaboradores e se sente comprometida em ajudá- los a crescer profissionalmente. Você também os incentiva a colaborar e a se engajar.

Líderes servidores são excelentes motivando a equipe a se tornarem colaboradores de alta performance. Eles irão assegurar que seus subordinados são excelentes tomadores de decisão, confiáveis, produtivos e leais. Esse tipo de líder é excelente em desenvolver os líderes do futuro, mas às vezes podem se sentir estafados por causa do nível de responsabilidade em seus ombros e podem achar difícil demonstrar sua autoridade.

Estilo Autocrático

Se seu foco são as competências e resultados, então você pode ser uma líder do estilo autocrático. São figuras autoritárias que frequentemente tomam decisões sozinhos e dão direções claras a seus colaboradores. São automotivados, confiantes e sempre seguem as regras. São muito confiáveis e se comunicam regularmente de forma clara e concisa. Gostam de estrutura e de supervisionar seus subordinados.

Líderes do estilo autocrático geram produtividade e reduzem o estresse que os subordinados possam sentir, devido a sua habilidade de tomar decisões rápidas. Líderes assim frequentemente se sentem responsáveis por tudo o que acontece, o que resulta em estresse. Eles também podem ser vistos como inflexíveis e fechados para as ideias das pessoas, então se essa é você... então uma das coisas a que precisa prestar atenção é a sua falta de vontade em respeitar o equilíbrio entre vida pessoal e profissional. Líderes autocráticos podem sofrer rapidamente de *burnout*.

Estilo *Laissez-Faire*

Esse estilo e o autocrático são completamente opostos, uma vez que esses líderes supervisionam pouco - ou nada - seus colaboradores. Se você consegue delegar com eficácia, só assume o controle quando precisa e consegue oferecer uma crítica construtiva e ainda disponibiliza recursos e ferramentas efetivas, então você talvez seja uma líder de estilo *laissez-faire*. Esse estilo de líder tende a promover um ambiente de trabalho autônomo e ajuda sua equipe a fomentar habilidades e qualidades de liderança.

Apesar de esse estilo nem sempre funcionar para novos colaboradores que podem precisar de orientação, apoio e treinamento extra, esses líderes geralmente conseguem promover um ambiente de trabalho relaxado, ter uma alta taxa de retenção de colaboradores e incentivar seus colaboradores a serem responsáveis por suas próprias ações e desenvolvimento.

Estilo Democrático

Esse estilo de liderança demonstra que você valoriza sua equipe incluindo-a nas decisões, discussões em grupo e promove um ambiente no qual todos conseguem discutir suas ideias e opiniões. Um líder democrático pode resolver conflitos com facilidade e se manter flexível. Consideram a opinião das pessoas, incluem sua equipe e estão abertos para receber *feedback*.

O líder democrático aumenta a motivação e empodera sua equipe. Como os colaboradores são parte das decisões, eles sempre sabem o que precisam fazer. Portanto, esses líderes não precisam monitorar o progresso de perto. Às vezes, esse estilo de liderança é ineficiente e, se você tem um membro na sua equipe que não gosta de compartilhar publicamente suas ideias, ele pode se sentir pressionado por essa abordagem.

Estilo Movido a Resultados

Líderes movidos a resultados alcançam as metas, rapidamente. Seu foco é a performance. Eles se impõem altos padrões, são excelentes em motivar as pessoas e em manter sua equipe comprometida. Se você é orientada a objetivos, tem altos padrões e valoriza o aumento da performance acima de todo o resto, você pode ser uma líder movida a resultados. Se você for, você vai arregaçar as mangas e ajudar a equipe a alcançar as metas se a situação pedir.

Enquanto líderes movidos a resultados conduzem os colaboradores em direção aos objetivos, eles geralmente demoram a elogiar as pessoas. Isso pode desmotivar. Sua equipe pode se sentir estressada e o ambiente de trabalho acelerado pode ser um sinal de falta de clareza. Eles são excelentes promovendo ambientes de trabalho dinâmicos e injetando energia em sua equipe.

Estilo Transformador

Se você é inspiradora, incentivadora e frequentemente pensa no panorama geral, você pode ser uma líder transformadora. Esse estilo de liderança está voltado à definição de metas, à motivação dos colaboradores e à comunicação clara. Eles estão comprometidos com os objetivos organizacionais e alcançaram um nível admirável de respeito mútuo com sua equipe. Eles são criativos e não fazem microgerenciamento quando lideram sua equipe.

É uma liderança ética e movida a metas. Esses líderes valorizam conexões pessoais com suas equipes, o que aumenta a retenção e o moral dos colaboradores. De vez em quando, os indivíduos sob seu comando podem se sentir negligenciados, sentindo que suas vitórias passaram despercebidas por estarem mais focados na transformação em si do que nos marcos alcançados.

Estilo Transacional

Valoriza a estrutura corporativa e é tanto pragmático como prático uma vez que acredita que a autoridade não deveria ser questionada. Amam alcançar metas, mas podem, às vezes, serem reativos. Também são conhecidos por microgerenciar enquanto focam na performance, nos objetivos e nos incentivos.

Os benefícios do estilo transacional são: ser excelente em alcançar metas e também ajudar as pessoas a alcançarem. Algumas vezes, as pessoas que lideram assim são conhecidas por ficarem presas a metas de curto prazo, por limitarem a criatividade e desmotivarem seus colaboradores. Se esse é o seu estilo, tenha em mente as metas de longo prazo para que você não as perca de vista!

Estilo Burocrático

Você é uma líder burocrática se você tem força de vontade, é disciplinada e detalhista. Quando você foca nas tarefas que tem em mãos, você tem uma grande ética de trabalho e realmente valoriza a estrutura e a obediência às regras no ambiente de trabalho. Você é comprometida e espera que sua equipe siga as regras.

Esse tipo de liderança é realmente eficiente e as equipes são frequentemente capazes de alcançar metas e objetivos com facilidade. Entretanto, esse tipo de liderança pode ter dificuldade em criar laços pessoais mais estreitos com sua equipe. Pode restringir a criatividade de alguns colaboradores e às vezes sofre com mudanças.

QUE TIPO DE LÍDER VOCÊ É?

Você precisa ir fundo e refletir sobre qual tipo de liderança é mais adequado para você. Use as questões abaixo como guia:

Eu gosto de tomar decisões sozinha ou eu preciso de opiniões?

Eu valorizo mais os objetivos ou os relacionamentos no ambiente de trabalho?

São mais importantes para mim as metas de longo ou curto prazo?

Eu gosto de estrutura ou prefiro uma abordagem mais flexível?

Como é a dinâmica de equipe ideal para mim?

Eu prefiro empoderar as pessoas ou direcioná-las?

Pense bem em suas respostas e descubra que tipo de categoria de liderança funciona melhor para você. Você pode então usar essa informação para trabalhar em suas oportunidades de crescimento e em seus desafios e utilizando seus pontos fortes como líder.

23

70 Perguntas Poderosas Para Coaching

Já falamos que é bom para o líder adotar o *coaching*, e você deve conseguir fazer as perguntas certas. Para ajudá-la a se preparar, criamos 70 perguntas poderosas para começar sua jornada no treinamento.

Você deve ter ouvido falar do modelo GROW. Ele é muito comum no *coaching*. GROW é um acrônimo em inglês - Meta (*Goal*), Realidade (*Current Reality*), Opções (*Options*) e Vontade (*Will*). As perguntas abaixo correspondem a esse modelo. Lembre-se, quando fizer essas perguntas, leve o tempo que precisar e reserve um tempo de reflexão para que seus colaboradores respondam.

Metas (*Goals*)

As primeiras 10 perguntas irão ajudá-la a ganhar clareza em relações a metas:

1. O que você espera ganhar com a discussão de hoje?
2. Se você tivesse que escolher uma meta para alcançar, qual seria?
3. O que você quer que aconteça com (situação/risco)?
4. O que você realmente quer?
5. Qual resultado você espera?
6. O que você gostaria de conquistar?
7. Se você pudesse mudar algo, o que seria?
8. Qual resultado é ideal para você?
9. Por que você quer esse resultado ou alcançar essa meta?
10. Quais são os benefícios se você alcançar essa meta?

Realidade (*Reality*)

As próximas 20 perguntas focam na sua realidade atual e vão ajudá-la a ganhar clareza:

1. O que está acontecendo agora com você e o que vai acontecer em consequência (pense em causa e consequência - quem, o quê, quando e com que frequência)?
2. Quais passos você já deu para alcançar seu objetivo?
3. Conte-me o que você fez (descreva)?
4. Você acha que está no caminho para alcançar sua meta?

5. Onde você está agora, em uma escala de 1 a 10?
6. Conte o quanto você progrediu fez até agora?
7. O que você acha que contribuiu para o seu sucesso até agora?
8. O que é trabalhar para você?
9. O que exatamente é exigido de você?
10. O que já a impediu de alcançar sua meta?
11. Por que você pensa assim?
12. O que você acha que realmente estava acontecendo?
13. Quem mais alcançou essa meta em particular?
14. O que você aprendeu até agora?
15. Quais métodos você já tentou?
16. Você acha que pode mudar isso de direção?
17. O que você poderia fazer melhor?
18. Se você perguntasse (a outro subordinado), o que você acha que eles falariam sobre você/isso?
19. Se alguém dissesse ou fizesse [isso], como você reagiria?
20. O quanto a situação é severa, séria ou urgente numa escala de 1 a 10?

Opções (*Options*)

Quando você entender sua realidade, você terá um entendimento claro da situação. Você poderá se aprofundar nisso ao rever suas opções. Isso irá ajudá-la a considerar as soluções. As próximas 20 perguntas irão ajudá-la a se aprofundar:

1. Quais opções você tem?
2. O que você pensa que devem ser os próximos passos?
3. Qual deveria ser o seu primeiro passo?
4. O que você poderia fazer melhor, para garantir que você alcançará o resultado que quer?
5. O que mais você poderia ter feito?
6. Existe alguém que poderia ajudá-la?
7. Se você não fizer nada, o que acontecerá?
8. O que funcionou para você no passado e agora você acha que poderia fazer de novo?
9. Se você fizer isso, o que você acha que aconteceria?
10. Qual parte você acha mais difícil?
11. Se você estivesse aconselhando um amigo, o que você lhe diria?
12. O que você tem a ganhar ou a perder fazendo ou dizendo aquilo?
13. O que você acha que aconteceria se alguém dissesse ou fizesse isso para você?
14. O que é a melhor ou pior coisa que pode acontecer em relação àquela opção?
15. Se você tivesse que escolher, qual seria sua opção agora?
16. Como você abordaria isso, baseando-se nas suas experiências anteriores com situações parecidas?

17. Existe algo que você poderia ter feito diferente?
18. Você conhece alguém que passou pela mesma situação?
19. O que você faria, se tudo fosse possível?
20. Existe alguma outra coisa que você faria?

Vontade (*Will*)

As últimas 20 perguntas focarão na vontade (esse é o seu caminho a partir de agora), e esse é o último passo no modelo GROW. O objetivo disso é ajudar seus colaboradores a criar um plano de ação para que eles saibam como ir adiante, ou resolver o problema em questão:

1. Como você seguirá a partir de agora?
2. O que você acha que precisa fazer imediatamente?
3. Você poderia explicar como fará isso?
4. Como você saberá que terminou isso?
5. O que mais você poderia fazer?
6. Você acha que seu plano tem chances de ter sucesso? Qual é a probabilidade numa escala de 1 a 10?
7. O que faria isso chegar em 10?
8. Quais barreiras a impedem de alcançar o sucesso?
9. Quais planos você precisa fazer ou quais obstáculos você espera encontrar?
10. Existem recursos que podem ajudá-la?

11. O que falta?
12. Se você der um pequeno passo agora, qual será?
13. Quando você planeja começar?
14. Se você tiver sucesso, como saberá?
15. Se você quer isso feito, de que apoio precisará?
16. O que aconteceria se você não fizesse isso? Qual é o custo (tempo/dinheiro, etc...)?
17. O que você precisa das pessoas para garantir que você alcance isso?
18. Quais são as três ações você pode tomar essa semana na direção do seu objetivo?
19. Em uma escala de 1 a 10, o quanto você está motivada ou comprometida para finalizar isso?
20. Como você pode transformar isso em um 10?

Essas perguntas são investigativas, para que você possa ajudar seus colaboradores a resolver qualquer questão, superar obstáculos e começar suas tarefas. Conversas não precisam ser "certinhas"... elas precisam provocar reflexão! Com o tempo, elas fluirão melhor e parecerão mais naturais. Lembre-se, a prática leva à perfeição.

24

Definição de Expectativas

Como líder, é importante que você defina as expectativas com seus colaboradores da forma mais clara possível. Ter expectativas claras beneficia o negócio e seus equipes, uma vez que a produtividade e a performance aumentam quando todos sabem o que se espera deles.

Definindo expectativas

Se você quer definir expectativas para sua equipe, que você precisa saber desses 5 aspectos antes:

- Quais são as expectativas dos colaboradores? A empresa terá expectativas para com seus colaboradores. Por exemplo, eles podem exibir uma atitude positiva, serem honestos, respeitosos, executarem seus trabalhos em alto nível, seguirem as políticas e procedimentos e conduzirem a si mesmos de forma profissional o tempo todo. Por outro lado, seu colaborador também terá expectativas. Elas incluem serem tratados com justiça, receberem treinamento e liderança, serem pagos sem atraso, trabalharem em ambientes seguros, receberem *feedbacks* constantes da sua performance e serem informados das responsabilidades, políticas e procedimentos do trabalho.

- Qual é a expectativa da equipe? Ainda que as expectativas da equipe sejam similares às individuais, elas não são iguais. Todo subordinado deve ser responsável pelas metas da equipe, já que elas são necessárias para garantir práticas coesas de trabalho e produtividade. As expectativas da equipe são geralmente baseadas em comportamentos de dentro da equipe. Por exemplo, ser responsável pelo seu trabalho, ser flexível, respeitar uns aos outros, pedir ajuda ou *feedback* quando necessário e certificar-se de que você está trabalhando em um ambiente seguro. Como líder, você precisa estar consciente de todas essas expectativas, para ajudar os subordinados a alcançá-las. Você lidera pelo exemplo.

- Quais são as expectativas de performance? Você precisa pensar no desempenho de seus colaboradores, então pense sobre o que eles necessitam alcançar e seja específica. Expectativas de performance lhe permitem seguir rumo aos objetivos da empresa e podem ser usadas para monitorar o andamento. Para definir expectativas de performance, informe sua equipe sobre o que você quer conquistar. Use metas SMART e crie objetivos para assegurar seus colaboradores de que eles têm certeza do que podem alcançar e do que precisam fazer para isso. Basicamente, você dará o mapa, e eles o seguirão.

- Como você se comunica e gerencia expectativas? Garanta que você se comunica e gerencia expectativas claramente. Vale a pena se encontrar com seus colaboradores e garantir que você lhes deu a chance de fazer perguntas e buscar orientação. Seja acessível, em caso de eles terem uma pergunta mais tarde, e explique a importância dessas expectativas. É bom ter reuniões individuais e oportunidades de desenvolvimento. Destaque os objetivos de forma clara e simples. Você pode fazer isso durante uma reunião ou por e-mail. Então gerencie o andamento monitorando-o com os subordinados, ou pedindo que eles a atualizem (diariamente, semanalmente, a cada duas semanas ou mensalmente - dependendo do projeto).

UM PASSO A PASSO PARA DEFINIR EXPECTATIVAS PARA SUA EQUIPE

Passos que você pode seguir para definir expectativas para seus novos e futuros membros de equipe:

- Defina quais são suas expectativas - escreva uma lista de expectativas reais para sua equipe. Pense bem nisso e tenha cuidado para não demandar demais. Mantenha as expectativas alcançáveis e justas.
- Diminua a incerteza esclarecendo suas expectativas - já falamos sobre isso. Ajude seus colaboradores a definirem metas e a terem discussões abertas, enquanto está fazendo as perguntas. Sempre se assegure de que eles entenderam completamente suas expectativas.
- Informe os membros da equipe por que as expectativas são importantes - uma coisa é explicar o que a pessoa deve fazer, mas o importante é explicar o porquê por trás disso. Ao contar para eles o porquê, e reforçar sua importância, você motivará a equipe, pois ela conhecerá o panorama geral e entenderá como poderá contribuir com a empresa.
- Dê exemplos que mostrem por que as expectativas são importantes - fazer isso pode realmente ajudar sua equipe a entendê-las. Por exemplo, manter uma

atitude positiva reduz o estresse e aumenta a motivação. Outro exemplo seria trabalhar dentro do prazo, o que garante que as operações corram sem esforço e o cronograma seja respeitado.

- Ganhe comprometimento e convergência - faça com que seus colaboradores assinem embaixo essas expectativas. Se eles estão comprometidos e concordam com ela, é mais provável que eles as cumpram. Isso, por sua vez, lhes dará um senso de conquista e confiança.

Agora você está pronta para definir expectativas claras para seus subordinados e conseguirá fazer isso de forma confiante.

25

Plano de Desenvolvimento Individual (PDI)

Um plano de desenvolvimento individual é uma ferramenta que todos os líderes de sucesso usam para ajudar seus colaboradores a crescerem e a se desenvolverem. Isso pode ajudá-los a focar em seus objetivos de carreira e de performance, além de mantê-los motivados.

Um plano de desenvolvimento pessoal é um contrato entre você e seus colaboradores. Ele detalha como eles irão melhorar sua performance. É customizado para atender as necessidades do colaborador e deve incluir os detalhes de qualquer habilidade que o colaborador quer aprender. Esse é um plano de ação que mostra nossos pontos fortes, pontos fracos e objetivos.

O QUE É UM PLANO DE LIDERANÇA INDIVIDUAL?

Planos são muito mais eficientes - e simples - quando você tem um modelo, então dê uma olhada no roteiro abaixo que mostra o que você deveria incluir no seu plano:

- **Objetivos profissionais -** eles querem um desenvolvimento de carreira/promoção?
- **Aspirações -** em quais projetos eles querem se envolver ou o que eles aspiram ser/fazer?
- **Talentos e pontos fortes -** quais são suas competências essenciais, habilidades e talentos? Quais *feedbacks* positivos se relacionam a esses pontos fortes e o quanto seus subordinados se sentem otimistas?
- **Oportunidades de desenvolvimento -** quais oportunidades podem surgir para que eles melhorem? Atuar como "sombra" ou treinamentos, por exemplo.
- **Um plano de ação** (com metas) - quais metas você está trabalhando para alcançar e como você chegará lá? Defina uma meta final e então trabalhe de trás para frente para desenvolver os passos que você dará para sair de onde está agora e ir aonde quer chegar.

Um plano de desenvolvimento pessoal é uma ferramenta útil porque permite monitorar o progresso do colaborador e ter certeza de que você cumpriu certas etapas. Ele também pode garantir que você entenda seus pontos fortes e ainda observe potenciais áreas de desenvolvimento.

COMO IMPLEMENTAR UM PLANO DE DESEN-VOLVIMENTO INDIVIDUAL

Para implementar um plano de desenvolvimento individual, organize encontros individuais com cada um dos seus colaboradores e então desenvolva seu próprio plano visando conversas eficazes com eles.

Comece com seu próprio plano. Pense como seu gerente a incentivou a progredir. Avalie-se de forma honesta. Depois, prepare-se para as conversas que você terá com os subordinados. Lembre-se de abordar todos os pontos do passo a passo acima.

Cabe a você como líder encorpar o plano de seus colaboradores. Leve em consideração essas perguntas:

1. O que você acha que os subordinados podem conquistar ao executar as responsabilidades diárias?
2. Sua empresa pode reservar tempo e dinheiro para dar-lhes tempo para completar essas oportunidades de desenvolvimento? Se sim, quanto pode ser investido?
3. Você incluiu passos práticos - que sejam específicos e mensuráveis - para conseguir monitorar seu progresso?

4. Como isso beneficiará o colaborador e a empresa?

Uma vez que você souber o que é viável e realista, você poderá considerar como eles podem alcançar os objetivos. Tenha certeza de que você está sendo clara sobre como eles podem beneficiar a empresa e a si mesmos.

MODELO DE PLANO DE DESENVOLVIMENTO

Um plano de desenvolvimento deve incluir as seguintes informações:

Nome do colaborador:
Área, função ou cargo:
Localização:
Data:
Aspirações e metas profissionais:
Pontos fortes e talentos:
Oportunidades de desenvolvimento:

Plano de ação (objetivos ou passos):

- Passo ou ação:
- Cronograma:
- Custos e condições:

EXEMPLO DE PLANO DE DESENVOL-VIMENTO

- Nome do colaborador: Diane Williams
- Área, função ou cargo: Vendas e Marketing, executando campanhas de marketing nas redes sociais, Assistente de Marketing
- Localização: Los Angeles Data: 12/12/2022
- Aspirações e metas profissionais:

1. Subir para um cargo de liderança
2. Ter sucesso na função atual e ter mais responsabilidades na próxima campanha de marketing.

Forças e talentos:

Habilidades organizacionais Cumprimento de prazos Habilidades de comunicação Pensamento criativo

Oportunidades de desenvolvimento:

1. Atuar como "sombra" de pessoas com mais experiência, incluindo seu líder, para aprender sobre suas funções e responsabilidades
2. Assumir a liderança quando o líder não estiver disponível e mantê-lo atualizado do andamento por e-mail
3. Exceder as expectativas mínimas criando conteúdos engajadores e de alta qualidade que se convertam em vendas

Plano de ação (objetivos ou passos):

- Passo ou ação: pesquisar os clientes a quem sua empresa atinge e buscar aumentar o engajamento na campanha de marketing das redes sociais em 50%
- Calendário: rodar a campanha de marketing por 4 semanas, através de três canais - Facebook, LinkedIn e Instagram
- Custos e condições: alcançar 20% de aumento nas taxas de conversão sem aumentar o orçamento de marketing da empresa para esse projeto.

PERGUNTAS FREQUENTES SOBRE O PLANO DE DESENVOLVIMENTO INDIVIDUAL

1. Como um plano de desenvolvimento individual é diferente de uma avaliação de performance? A avaliação de performance olha apenas para a performance da pessoa na função atual, mas o plano de desenvolvimento visa ao desenvolvimento e ao crescimento ao longo da carreira.
2. Como um plano de desenvolvimento individual difere de um plano de desenvolvimento pessoal? Não há necessariamente uma diferença, mas algumas empresas preferem chamar por um nome ou por outro.

3. Porque eu deveria criar um plano individual de desenvolvimento? Ele mostra que, como líder, você está lá para ajudar seus colaboradores a se desenvolverem e a crescerem profissionalmente! Demonstra que você está comprometida com eles e com a empresa. Esse nível de comprometimento resulta em níveis mais altos de produtividade.

4. Os planos individuais de desenvolvimento devem ser obrigatórios? Se eles são novidade, é melhor discutir seus planos com os colaboradores para que eles não se sintam excluídos. Frequentemente as pessoas são céticas quando estão vendo sua própria performance e isso pode causar ansiedade.

26

Plano de Desenvolvimento da Performance (PMP)

Um Plano de Desenvolvimento da Performance é uma ferramenta geralmente usada se um colaborador não tem bom desempenho. É a chance deles de melhorar e fazer mudanças. Esse plano assegura que há objetivos claros para ajudar em seu progresso. Cabe a você como líder implementá-lo se necessário. *Mas o que exatamente é um Plano de Melhoria da Performance?*

O QUE É UM PLANO DE DESENVOLVIMENTO DA PERFORMANCE?

Isso é um documento que detalha em que seus subordinados precisam melhorar e do que vão precisar para isso. Irá detalhar o treinamento e as habilidades de que o colaborador precisa e deve incluir objetivos claros e os próximos passos que o colaborador deverá cumprir para manter o seu emprego. O plano pode ser adaptado. Pode ser usado para quando sérias melhorias precisam ser feitas e também para tratas com questões menos sérias.

O PROPÓSITO E OS BENEFÍCIOS DE UM PLANO DE DESENVOLVIMENTO DA PERFORMANCE

PDPs são geralmente empregados para resolver problemas de baixa performance, como forma de reter um colaborador enquanto tentamos desenvolvê-lo. Claro, existem muitos benefícios nisso, incluindo:

1. Cria uma cultura melhor na empresa - a empresa responde de uma forma mais positiva tentando ajudar a equipe a melhorar e a promover responsabilidade. É claramente melhor do que simplesmente abandonar ou reprimir seus colaboradores por suas performances. Os colaboradores se sentem mais valorizados.
2. Economiza tempo e dinheiro – alta rotatividade custa caro e exige tempo. É muito mais fácil desenvolver, dar suporte e reter os colaboradores que você já tem. É mais econômico e otimiza o tempo. Pense no processo de recrutamento e treinamento necessário para novos integrantes... aí você vai perceber por que o plano é muito mais eficiente! Em média, leva de seis meses a um ano para um novo colaborador se sentir familiarizado em sua

função, sem falar no alto custo de recrutamento.

3. É mais eficaz que uma avaliação - de modo geral, as avaliações de performance são feitas no final do ano, enquanto um plano de progresso de performance pode ser executado a qualquer momento que for necessário e é muito mais focado. Colaboradores nem sempre reagem bem a *feedbacks* - ou podem até pensar que você está errada − então PDPs são úteis, pois são claros e focados. Os colaboradores conseguem ver em que precisam melhorar, uma vez que os passos estão bem destacados. Isso também permite que eles se sintam incentivados a melhorar.

UM EXEMPLO DE UM PLANO DE DESENVOL-VIMENTO DA PERFORMANCE

Primeiro, é importante ter uma conversa com seu colaborador e esboçar um plano. A seguir, ele precisa ser revisado pelo RH para aprovação.

Aqui está um exemplo de como você pode buscar melhorar a qualidade do seu trabalho. Recomenda-se que você estabeleça:

- **Uma meta** - a meta se destina a melhorar a qualidade do seu trabalho (ou pode ser mais específica quando trabalhada com seus colaboradores).

- **Objetivos -** esses são os passos que você seguirá para alcançar suas metas e os prazos são importantes aqui também. Se você quiser melhorar a qualidade do seu trabalho, seu objetivo pode ser produzir um trabalho com informações corretas e livre de erros.
- **Ação -** você deve concluir a ação até a data estipulada. Por exemplo, produza um trabalho com informações corretas e livre de erros.
- **Métricas -** são usadas para medir sua performance. Se você atrasar uma entrega ou a qualidade do seu trabalho não está nos padrões acordados, suas métricas serão menores.

COMO ESCREVER UM PLANO DE DESENVOL-VIMENTO DA PERFORMANCE

Agora que você tem as informações necessárias, é hora pôr em prática e escrever seu plano. Você pode seguir os passos abaixo:

- Defina o que é uma performance aceitável - você deve informar seus colaboradores o que você espera e sobre o que é aceitável quando falamos da performance deles. Informe seu colaborador com antecedência sobre o que esperar da reunião... não puxe um documento simplesmente e comece a falar sobre problemas! Ambos precisam trocar ideias e estar comprometidos com a causa.

- Quais objetivos mensuráveis podem ser estabelecidos? Você terá que definir os objetivos que seus colaboradores devem alcançar para evoluir. Você pode usar o modelo SMART para isso. É importante que você tente descobrir qual é a causa-raiz do problema. Dessa forma você vai definir como melhorar. É preciso identificar o problema antes de conseguir resolvê-lo.

- Defina como você dará apoio a seu colaborador – reflita o quanto você realmente pode ajudar seu subordinado a alcançar sua meta PMP. Talvez você precise treiná-lo para ganhar confiança. Seu apoio irá incentivá-lo a ter sucesso!

- Agende reuniões para monitorar o progresso - tenha certeza de que vocês concordam com a frequência em que irão se reunir e coloque isso na sua agenda. Envie ao colaborador um e-mail rápido para lembrá-lo da reunião e veja como ele está indo. Dessa forma, os subordinados ganharão uma chance de comunicar qualquer problema eles possam ter no momento em que surgirem.

- Deixe claro as consequências - é importante que você informe seus colaboradores das potenciais consequências se eles não fizerem avanços relevantes. Ainda assim, tente tornar isso algo positivo mostrando que você sabe que eles se sairão bem e garanta que eles assinem o PMP para demonstrar seu comprometimento com o processo.

QUAL É A MELHOR FORMA DE RESPONDER A UM PLANO DE DESENVOLVIMENTO DA PERFORMANCE

Se um plano de desenvolvimento da performance foi designado a você ou você o criou para outra pessoa, garanta que você se esforçará para alcançar o que foi descrito nele. O gerente deve seguir as metas do seu plano, mas apenas você pode tomar a decisão - e também as ações necessárias para conquistá-las.

Se você sentir que seu futuro não está na empresa, informe- a que você não continuará na organização e isso irá poupar o tempo e energia de todos. Se você quiser manter seu trabalho, olhe para o PMP como algo positivo. Lembre-se, às vezes nós precisamos aprender com nossos erros e com *feedbacks* úteis. O PMP irá ajudá-la com isso.

COMO EU POSSO SOBREVIVER A UM PLANO DE DESENVOLVIMENTO DA PERFORMANCE

Seu PMP foi criado para ajudá-la a fazer progressos. O objetivo final é você se tornar uma colaboradora mais valiosa e qualificada. Se você realmente quiser sobreviver ao seu plano, ou até tirar proveito dele, tente:

- Fazer do seu trabalho uma prioridade, acima de tudo
- Buscar ajuda quando precisar. Não empurre com a barriga se você estiver insegura, pois isso irá atrasar seu progresso
- Mantenha-se positiva, tendo certeza de que seu comportamento não mudará. Simplesmente coloque sua energia em fazer as melhorias que você deve fazer!

27

Corrigindo Comportamentos de Modo Duradouro, Template

Lidar com conflitos faz parte do trabalho. Garanta que quando você corrigir seu comportamento, o efeito seja duradouro.

Você não terá tempo de recorrentemente corrigir as pessoas. Você tem outras prioridades. Este capítulo se detém em como ajustar seu comportamento e fazê-lo perdurar por bastante tempo, através de conversas e parcerias.

POR QUE A MUDANÇA DE COMPORTA-MENTO É DIFÍCIL, E POR QUE ESSAS MUDANÇAS NÃO DURAM SE FEITAS INCOR-RETAMENTE?

A baixa performance é um assunto complicado. Os hábitos são difíceis de serem mudados, mas é impossível se feito da maneira certa. Por exemplo, o antigo líder ou gerente pode ter permitido que a equipe trabalhasse de um modo que não funciona para você.

Quando alguém se acostuma a se comportar de um modo específico, a pessoa pode não perceber por que precisa mudar. Como líder, você precisa ajudá-la a enxergar! Seus colaboradores podem não levar a sério o que você diz, mas se você não tentar mudar o comportamento no longo prazo, os "velhos comportamentos" logo irão retornar. Isso acontece porque mudanças de longo prazo levam tempo.

Se você realmente quer promover a mudança, você deve fazer com que seu colaborador embarque completamente na mudança. Ele precisa estar disposto a investir seu tempo e permanecer comprometido com a mudança.

COMO ISSO PODE SER FEITO DE FORMA EFICAZ?

Se o seu objetivo é mudar o comportamento, experimente o modelo abaixo. Você deve avaliar e comunicar o problema a seu colaborador antes de fazer um plano de ação. Comece por:

1. Identificar o comportamento problemático
2. Definir um padrão - como o colaborador deve agir?
3. Definir sua meta, usando o modelo SMART
4. Ter uma conversa com seu colaborador. Explique o problema, identifique o

comportamento correto, converse sobre o objetivo definido e por que é tão importante que se faça a mudança

5. Faça avaliações de progresso regulares para monitorar o comportamento. Garanta que o treinamento, as instruções ou recursos adequados sejam dados para apoiar o colaborador em questão. Correções quase sempre fazem parte de todo o processo de *feedback*. As pessoas querem apresentar um bom desempenho e para isso estão dispostas a trabalhar em suas metas de progresso. Se elas não mostram vontade, um PMP não irá ajudar e você provavelmente terá que envolver o RH.

6. Sempre foque no problema, não na pessoa. A pessoa tem valor e é o erro que precisa de correção. Como líder, é sua responsabilidade fazer essa distinção.

7. Não guarde ressentimentos! Fazer isso irá contaminar uma atmosfera positiva e criar um ambiente negativo e amargo. Isso poderia impactar no progresso de todos da equipe.

8. Não perca a cabeça, não seja sarcástica, não faça ameaças, não reprima ou humilhe os subordinados quando estiver corrigindo seu comportamento. Como líder, você tem a responsabilidade de manter o profissionalismo o tempo todo. Eu sei que

todo mundo sabe disso, mas você ficaria surpresa com quantas vezes isso acontece.

9. Defina um parceiro com quem contar para manter seu colaborador nos trilhos. Isso mostrará ao colaborador que ele não precisa responder somente aos líderes e gestores. Algumas vezes, isso é mais motivador e menos formal. Torna mais fácil para o colaborador lidar com o problema.

QUEM É ESSE PARCEIRO E QUAL É A MELHOR FORMA DE ENVOLVÊ-LO?

Um parceiro é alguém com quem você se trabalha em conjunto e que está disposto mantê-la responsável por suas ações e garantir que você alcance suas metas. Em troca, você o manterá responsável também. É uma espécie de parceria. Ambos os lados se ajudam a alcançar seus objetivos.

Para utilizar um parceiro, um acordo é feito entre as duas partes. Sinceridade e integridade são cruciais para que esse relacionamento funcione, então é importante que ambas as partes estejam abertas para dar e receber *feedbacks* de verdade. É comum que os parceiros se encontrem rapidamente toda semana para discutir os objetivos o que querem alcançar naquela semana e por que querem. Os dois se encontram no final da semana para discutir seu progresso.

Quando se reunir com um parceiro, essas são algumas perguntas que você deve considerar:

- Como você sente que foi sua semana?
- Quais progressos você fez?
- Existe qualquer coisa que você faria diferente?
- Você alcançou seu objetivo?
- Como você alcançou ou não seu objetivo?
- Qual foi seu maior aprendizado essa semana?

Se você trabalhar com um parceiro para monitorar seu comportamento, garanta que você será consistente. Não o evite porque você acha que não fez o progresso que esperava! Para que isso funcione, todos devem estar comprometidos!

Parceiros são um grande incentivo. Se você é uma líder ocupada (o que você provavelmente é), é útil ter alguns subordinados juntos para mútuo apoio. Mudar o comportamento pode levar tempo, então tenha paciência, garanta que você se encontrará com eles regularmente para avaliar sua transformação.

Agora você chegou ao fim da seção IV, o que significa que você tem muitas ferramentas disponíveis para ajudá-la a ser uma líder eficaz e inovadora. Após ler a conclusão, você estará plenamente preparada para ser a melhor líder que você pode ser… E muito mais!

Você conseguiu!

Todas as Ferramentas e Recursos em PDF

Liderança Para As Novas Gerentes

Considerações Finais

Você chegou ao fim deste livro, o que significa que você está armada com as estratégias e ferramentas de que você precisa para virar o jogo como uma líder. Como mulheres, nós temos uma grande responsabilidade. Por quê? Porque nosso estilo de liderança é tão único e ainda assim trabalhamos mais duro do que nunca para alcançá-lo!

Através desse livro, você explorou seu próprio estilo de liderança e também aprendeu a ampliar seus próprios limites. Você aprendeu a se liderar, a liderar seus colaboradores e sua equipe. Agora, você deve colocar o que aprendeu em prática - é importante, então por que esperar? Especialmente se você quer acelerar sua carreira!

As coisas essenciais que você aprendeu neste livro:

- Idade é somente um número e nunca deve impactar o seu sucesso como líder

- A liderança começa ao entender seus atributos- chave, você pode usar seus pontos fortes e ter sucesso em sua função de liderança
- Um bom *feedback* é importante para o crescimento – ainda que, sim, ele deve ser positivo, ele também deve ser construtivo e incluir algum aprendizado
- Vale a pena ter um mentor antes de começar a mentorar as pessoas, e isso vai ajudá-la a se desenvolver antes que você possa realmente desenvolver alguém

Além disso, reconheça que você possui tudo o que é necessário para ser uma gestora dinâmica e excepcional, e que esse talento não deve ser desperdiçado!

Você já sabe que é incrível, então quero te deixar com esse pensamento final:

"Se suas ações criam um legado que inspira as pessoas a sonhar mais, aprender mais, fazer mais e se tornar mais, então você é um líder excelente"
~ Dolly Parton

Ao iniciar sua jornada como líder, dê valor por já ter começado a inspirar as pessoas a construírem seus legados. Portanto, é sua missão fazer isso contínua e consistentemente.

Você se lembra de quando eu te disse no início deste livro que fracassar não é uma opção comigo ao seu lado?

Bem, se você seguir essas 21 estratégias, fracassar

NÃO é uma opção, porque você agora está pronta para se tornar uma líder movida por metas, que pensa para a frente e orientada a ações. E é hora de agir agora mesmo...

1. Vá até o teste de estilo de liderança. Descubra qual é o seu estilo e qualidades para que você possa ser a líder que deve ser!
2. Use os modelos na seção IV para começar a liderar com propósito, confiança e entusiasmo. Esteja pronta para criar a próxima geração de líderes!

Agora que você leu este livro, lembre de deixar sua avaliação sincera na Amazon. Faça o *login* em sua conta Amazon, clique em "Pedidos", clique neste livro e escolha "Avaliar este produto". Você pode ajudar outras gerentes incríveis a escolher este livro e aperfeiçoar suas habilidades de liderança! Como meu presente de despedida, eu quero te deixar com este poema. Que ele possa inspirá-la a subir mais alto do que você já imaginou ser possível.

(Este poema foi ligeiramente modificado para se adequar ao público feminino)

A Mulher Que Pensa Que Pode

Se você pensa que está derrotada, você está
Se você pensa que não deve, você não deve,
Se você quer vencer, mas acha que não consegue,
É quase certo que não irá.
Se você pensa que irá perder, você está perdida
Para ser descoberta no mundo,
O sucesso começa com a vontade de uma menina
Está tudo em nossa cabeça.
Se você pensa que está ultrapassada, você está
Você precisa pensar grande para crescer,
Você tem que estar segura de si e antes
De ganhar um prêmio.
As batalhas da vida nem sempre são vencidas
Pela mulher mais forte ou mais veloz,
Mas cedo ou tarde a mulher que ganha
É a mulher que pensa que pode.
~ Walter D. Wintle

(ligeiramente modificado por Karina G. Sanchez)

Versão em inglês:

The Woman Who Thinks She Can

If you think you are beaten, you are
If you think you dare not, you don't,
If you like to win, but you think you can't

It is almost certain you won't.
If you think you'll lose, you're lost
For out of the world we find,
Success begins with a gal's will
It's all in the state of mind.
If you think you are outclassed, you are
You've got to think high to rise,
You've got to be sure of yourself before
You can ever win a prize.
Life's battles don't always go
To the stronger or faster woman,
But soon or late the woman who wins
Is the woman who thinks she can.
~ Walter D. Wintle

Agora você está pronta para iniciar sua jornada!

Um Presente Especial Para Você!

SPECIAL BONUS!

Want this cheatsheet for FREE?

Get FREE unlimited access to it and all of my books by joining our community!

Scan with your camera to join!

As 5 Regras de Ouro Para a Marca Pessoal. O checklist essencial para as novas líderes!

No Guia das 5 Regras de Ouro Para a Marca Pessoal você irá encontrar:

- As regras de ouro, fáceis de seguir, que irão ajudá-la a criar sua marca do zero.

- Minha história pessoal, que levou 20 anos para se desenvolver através de muitos erros, tempo e sacrifício.
- Passos rápidos que você pode colocar em prática agora mesmo para começar.
- Um acesso rápido a nossa comunidade de líderes maravilhosas que lhe ajudarão a formar sua tribo.

Sobre A Autora

Nos últimos 20 anos, ajudei inúmeras líderes femininas a superar a síndrome do impostor, que as impedia de alcançar resultados incríveis para si e para suas equipes.

Karina é Coach de Negócios certificada e, em sua carreira, foi mentora de gestores iniciantes, orientando-lhes até que atingissem seu potencial máximo. Ela ajudou centenas de novos gerentes a tornarem-se líderes de sucesso. Essa é sua verdadeira paixão e ela passou anos aprendendo e entendendo como transformar bons líderes em ótimos.

Karina também ajudou incontáveis mulheres líderes a superarem a síndrome do impostor, que as impedia de alcançar resultados incríveis para si e para seus times.

Nos últimos 15 anos, Karina deu palestras motivacionais em inglês, espanhol, português e polonês.

Para mais informações, por favor visite www.CorporateToFreelancer.com

REFERÊNCIAS

- https://www.investorsinpeople.-com/knowledge/swo t-analysis-understand-yourself-others/
- http://middlemanaged.-com/2020/03/07/creating- aswot-analysis-on-your-own-leadership-skills- andabilities/
- https://smallbusinessify.com/the-importance-ofself- confidence-in-leadership/
- https://www.pragmaticinstitute.com/re-sources/articl es/product/12-ways-to-develop- leadershipconfidence/
- https://www.benchmarkone.com/blog/9-leadership- exercises-to-help-your-confidence/
- https://medium.com/@betsyal-lenmanning/3- proven-strategies-to-gain-

credibility-respect- andinfluence-as-a-new-leader-4dd7c8713172

- https://blog.hubspot.com/marketing/buildcredibility-new-leader
- https://www.indeed.com/career-advice/careerdevelopment/types-of-power-in- leadership

- https://www.prileadership.-com/news/2019/3/17/spe ak-up-how-to-gain-visibility-for-yourself- ampsupport-visibility-for-others
- https://www.prileadership.-com/news/2019/4/2/spea k-up-practice
- https://www.prileadership.-com/news/2019/4/3/spea k-up-present-article-3-in-series

- https://www.blackenterprise.com/5-ways-youngleaders-can-gain-respect-and-influence/

- https://www.insperity.com/blog/how-to-be- aconfident-boss-without-sounding-like-a-jerk/

- https://mindfulambition.net/power-of-perception/
- https://www.usmcu.edu/Por-tals/218/Leaders%20Ho w%20Do%20You%20Manage%20Perception.pdf

- https://www.vantageleadership.com/our-blog/others-perception-reality-change/

- http://www.nwlink.com/~donclark/leader/leadhb.ht ml

- https://www.elevatecorporatetraining.-com.au/2019/ 04/09/7-strategies-good-leaders-can-use-togive- feedback/

- https://www.skillcast.com/blog/8-steps-authenticleadership
- https://www.forbes.com/sites/forbescoa-chescouncil/ 2018/03/13/seven-ways-todevelop-your-authentic- leadership-style/?sh=24c396c069e6

- https://marketinginsidergroup.com/mar-ketingstrateg y/help-your-employees-feel-safe-andunleash-the- power-of-employee-activation/

- https://blog.smarp.com/10-ways-to-foster-upwardcommunication-in-the-workplace
- https://www.ckju.net/en/dossi-er/challenges- andenablers-upward-communication-how- fosterspeak-ulture-your-organization/1256
- https://blog.smarp.com/10-ways-to-foster-upwardcommunication-in-the-workplace

- https://www.eaglesflight.com/blog/the-importanceof-delegation-for-leadership
- https://hbr.org/2017/10/to-be-a-great-leader- youhave-to-learn-how-to-delegate-well

- https://www.quantumworkplace.-com/employeereco gnition
- https://neilpatel.com/blog/employee-spotlights/
- https://www.quantumworkplace.-com/employeereco gnition

- https://www.ellevatenetwork.com/articles/7542-11- steps-to-creating-a-shared-vision-for-your-team

- https://getlighthouse.com/blog/managing-a- newteam/
- https://www.forbes.com/sites/forbeshu-manresources council/2018/03/05/10-simple-ways-to-get-to- know-your-employeesbetter/?sh=730a3df44b97

- https://www.forbes.com/sites/forbescoa-chescouncil/ 2016/09/14/13-waysleaders-can-better-understand- the-uniquestrengths-of-their-team- members/?sh=6f0cb3232a51
- https://high5test.com/team-strengths/

- https://www.thoughtfulleader.com/roles-andresponsibilities/
- https://www.indeed.com/career-advice/careerdevelopment/team-roles-and-responsibilities

- https://www.quantumworkpla-ce.com/future- ofwork/how-to-align-organizational-goals
- https://www.bizjournals.com/hous-ton/blog/2014/12/ 5-methods-to-align-company-and- personalgoals.html

- The Leader as Coach (www.hbr.org)

- https://www.ccl.org/articles/leading-effectivelyarticles/build-trust-in-the-workplace/
- https://www.achievers.com/blog/building-trustworkplace/

- https://www.indeed.com/career-advice/careerdevelopment/10-common-leadership- styles

- https://www.thebalancecareers.com/co-achingquesti ons-for-managers-2275913

- https://www.businessnewsdaily.com/9451-clearemployee-expectations.html

- https://www.indeed.com/hire/c/info/individualdevel opment-plan-examples

- https://www.valamis.com/hub/performanceimprove ment-plan

Créditos de Imagem

https://hbr.org/2019/11/the-leader-as-coach

Créditos para Tradução
Fernando Calza - calza.fernando@hotmail.com
Heloisa Gutierre Vilicic - hellovilicic@gmail.com